Stoffe bedrucken

nach *Art* des Hauses

Einfach drucken mit Sachen aus Küche, Haus und Garten

Julie B. Booth

Die englischsprachige Originalausgabe erschien 2015 unter dem Titel *Fabric Printing at Home* bei Quarry Books, Beverly, Massachusetts, USA, einem Unternehmen der Quarto Publishing Group USA.

Copyright © 2015: Quarry Books
Copyright © für Bilder: 2015 Quarry Books

Aus dem Englischen übersetzt von
Sybille Heppner-Waldschütz, D-Königs Wusterhausen
Redaktion der deutschsprachigen Ausgabe: Anja Fuhrmann, D-Berlin
Umschlag der deutschsprachigen Ausgabe: Daniela Vacas, Haupt Verlag, CH-Bern
Satz der deutschsprachigen Ausgabe: DIE WERKSTATT Medien-Produktion GmbH, D-Göttingen

Printed in China
Die durch den Transport verursachten CO_2-Emissionen wurden durch den Kauf eines CO_2-Zertifikats kompensiert.

Bibliografische Information der *Deutschen Nationalbibliothek*
Die Deutsche Nationalbibliothek verzeichnet diese Publikation in der Deutschen Nationalbibliografie; detaillierte bibliografische Daten sind im Internet über http://dnb.dnb.de abrufbar.

ISBN 978-3-258-60147-2

Alle Rechte vorbehalten.
Copyright © 2016 für die deutschsprachige Ausgabe Haupt Bern
Jede Art der Vervielfältigung ohne Genehmigung des Verlages ist unzulässig.
www.haupt.ch

Wünschen Sie regelmäßig Informationen über unsere neuen Titel zum Gestalten? Möchten Sie uns zu einem Buch ein Feedback geben? Haben Sie Anregungen für unser Programm? Dann besuchen Sie uns im Internet auf www.haupt.ch. Dort finden Sie aktuelle Informationen zu unseren Neuerscheinungen und können unseren Newsletter abonnieren.

In Gedenken an meinen Vater, Mark T. Basseches, der mir
den Auftrag für mein erstes Kunstwerk erteilte.

Dieses Buch ist meiner Mutter Janet gewidmet, die nie müde
wurde, mich bei meinen künstlerischen Versuchen anzuspornen.

Ferner widme ich dieses Buch meinen „Jungs":
Meinem Mann Mark, meinem besten Freund und Anker – danke,
dass Du dafür sorgst, dass ich immer etwas zu lachen habe,
und mir dabei hilfst, dieses und andere Projekte in die richtige
Perspektive zu rücken. Du bist die Schnur an meinem Drachen!

Meinem Sohn und „Ateliergenossen" Aaron, der die Entstehung
sämtlicher Kunstwerke in diesem Buch aus allernächster Nähe
mitverfolgt hat – ich schätze Deine liebenswürdige Direktheit
nach wie vor. Und ich bin unheimlich stolz darauf,
Deine Mutter zu sein.

Inhalt

Einführung:
Das ungeahnte Potenzial der Küche 7

Kapitel 1: Bevor Sie beginnen 11
Arbeitsplatz einrichten 11
Werkzeug-Grundausstattung 13
Maltechniken 15

Kapitel 2: Drucken mit strukturierten
Küchenmaterialien und Fundstücken 29
Drei Drucktechniken 30
Eine Collage mit übereinandergelegten
  Strukturen gestalten 30
Erhabene und vertiefte Strukturen 34
Fundstücke und Küchenwerkzeuge 44
Kleine Druckwerkzeuge: Neunerblock 46

Kapitel 3: Jenseits des Kartoffeldrucks:
Stoffdruck mit Obst und Gemüse 49
Mit Gemüse Hintergrundstrukturen gestalten 50
Stoff marmorieren mit Kohlkopfdruck 53
Druckstöcke aus Gemüse schnitzen 54
Scheiben und Würfel: Drucken mit
  Gemüseformen 56
Bezaubernde Blätter 58
Schaumstoffwalzen-Frottagen 59

Kapitel 4: Eingewickelt –
Beschichtete Papiere und Folien 61
Freezer Paper: Abdeckmasken und
  Schablonen 62
Experimente mit Kunststofffolie 69
Wundersames Wachspapier 70
Volkskunst: Alufolie mit geprägten Motiven 72

Kapitel 5: Recycelt und umfunktioniert 77
Karton und Pappe: Dick und dünn 78
Werbepost-Jackpot 84
Aufgerollt: Stoffdruck mit Papprohren 89
Bleibende Eindrücke: Druckstöcke aus
  gebrauchtem Styropor anfertigen 90
Kunstvolles Aluminium: Dekorative
  Druckformen aus gebrauchten Dosen und
  Backformen anfertigen 92
Drucken mit gebrauchten Materialien 94

Kapitel 6: Abgedeckt: Reservemittel
aus Kochzutaten 97
Reservemittel-Rezepte 98
Auftragstechniken für Reservemittel 105
Einen mit Reservemittel versehenen
  Stoff bemalen 113
Farbe auf einem mit Reservemittel
  versehenen Stoff fixieren 113
Reservemittel entfernen 113

Kapitel 7: Galerie 114

Bezugsquellen und
weiterführende Literatur 121

Dank 122

Die Autorin 123

Register 124

EINFÜHRUNG

Das ungeahnte Potenzial der Küche

Die Küche ist in den meisten Familien der Mittelpunkt des Hauses. Sie ist der Ort, wo wir kochen, unsere Mahlzeiten einnehmen und uns über die Ereignisse des Tages austauschen. Als Kind machte ich dort manchmal meine Hausaufgaben und kreierte meine mit viel Chaos verbundenen künstlerischen Werke. Ich schaute meiner Mutter beim Zubereiten des Abendessens zu und lernte hier auch backen. Wahrscheinlich kann jeder ein paar glückliche Kindheitserinnerungen heraufbeschwören, bei denen die Küche eine wichtige Rolle spielt.

Heute verbringe ich nicht wenige Stunden in meiner kleinen hellen Küche mit Kochen und Backen. Es macht mir Spaß, den Teig für ein Blech Schokokekse zusammenzurühren, und für meine Butterscotch Brownies bin ich berühmt. Doch erst vor wenigen Jahren entdeckte ich, dass mir die Küche auch als Materialquelle für meine künstlerische Arbeit dienen kann. Ich bin immer auf der Suche nach neuen Möglichkeiten, schöne oder faszinierende Stoffmuster zu kreieren. Ich bin sehr wissbegierig und setze mir gern Ziele, die mich fordern. „Was wäre, wenn?" lautet eine vorherrschende Frage in meinem künstlerischen Vokabular.

Als ich begann zu unterrichten, war klar, dass ich mein übliches Repertoire an Stoffdrucktechniken erweitern musste. In meinen Kursen verwendete ich bereits gebrauchte Materialien wie Karton und Styropor für Druckstöcke, und ich ermutigte meine Kursteilnehmer, zu Hause Materialien zu suchen und für Struktur-Druckstöcke mitzubringen. Was mir noch fehlte, war eine Unterrichtseinheit über Reservetechniken. Unter Reservetechnik versteht man Färbeverfahren, bei denen bestimmte Stellen auf dem Stoff abgedeckt werden, um das Aufnehmen von Farbe zu verhindern. Nach dem Färben ist an den abgedeckten Stellen die ursprüngliche Farbe noch erhalten.

Mir schwebten zum Stoffabdecken einfache Reservemittel vor – solche, die für die Kursteilnehmer problemlos erhältlich wären. Also zum Beispiel Freezer Paper, ein beidseitig aufbügelbares Papier, das eigentlich beim Nähen und Patchworken zum Applizieren verwendet wird. Dieses Papier ist aber auch wunderbar geeignet, um Stoffbereiche abzudecken und vor Farbe zu schützen. So wurde es zum ersten Produkt auf meiner Materialliste für Reservemittel.

In einem Zeitschriftenartikel der US-Textilkünstlerin Jane Dunnewold las ich von Weizenmehlpaste als Reservemittel. Indem man einfach weißes Weizenmehl mit Wasser verrührt, erhält man ein Reservemittel, das die Craquelémuster traditioneller Batik imitiert. Schon bald gehörte es in meinem Kurs zu den Standardmaterialien. PVAC-Weißleim (Bastelleim), Klebestift und Salz kamen ebenfalls auf die Liste der Reservemittel.

Aber das war noch nicht das Ende, denn diese paar einfachen Reservemittel animierten mich zu weiteren Experimenten. Ich begann, sie zum Bedrucken und Schablonieren und für Frottagen zu benutzen. Und ich fing an, mehrere Reservemittel auf ein und demselben Stoffstück einzusetzen. Meine Neugier war geweckt und ich fragte mich, welche anderen Küchenmaterialien sich wohl sonst noch eignen würden.

Um dieser Frage nachzugehen, bewarb ich mich bei meiner örtlichen Textilkunstgilde um ein Stipendium, das ich auch tatsächlich erhielt. 18 Monate lang experimentierte ich mit Haushaltsmaterialien, um herauszufinden, welche sich als Reservemittel nutzen lassen.

Kapitel 6 enthält einige der erfolgreichen Rezepte und Reservetechniken, die aus dieser Forschungszeit hervorgegangen sind.

Seither komme ich immer wieder auf die Küche als Materialquelle für das Bedrucken von Stoffen zurück. Woche für Woche stöbere ich im Altpapier nach stabilen Postkarten, Pappkartons und Fensterbriefumschlägen als Schabloniermaterial. Außerdem werden Kunststoffflaschen und Flaschenverschlüsse gründlich auf ihre Eignung zum Drucken inspiziert. Und natürlich ist kein Gemüse vor mir sicher!

So arbeiten Sie mit diesem Buch

Das Meiste, was Sie brauchen, um schöne Stoffe zu gestalten, befindet sich ganz in Ihrer Nähe, nämlich in Ihrer Küche. Ich möchte, dass Sie beginnen, die Produkte und Materialien in Ihrer Küche mit anderen Augen zu betrachten. Durchforsten Sie Ihre Papier- und Recyclingeimer nach Papierprodukten, Kunststoffflaschen, Aluminiumdosen und -backformen. Inspizieren Sie Ihre Küchenschubladen mit Blick auf interessante Fundstücke, Klarsichtfolie, Wachspapier und Alufolie. Vergessen Sie auch nicht die Obst- und Gemüsebestände sowie Ihre Trockenvorräte – sie alle lassen sich zum Drucken verwenden.

Neben dem, was Sie in Ihrer Küche finden, benötigen Sie noch eine Grundausstattung zum Bemalen und Bedrucken von Stoff. In Kapitel 1 erfahren Sie, was Sie brauchen, um sich eine transportable Arbeitsplatte zu bauen und eine Werkzeug-Grundausstattung zusammenzustellen und erhalten Informationen über Stoffe, Farben und Druckwerkzeuge.

Die Kapitel 2 bis 6 widmen sich jeweils einer speziellen Kategorie von Kochzutaten oder Küchenmaterialien. Sie bieten jede Menge Vorschläge für Techniken, bei denen Küchenartikel für Druckstöcke und Druckplatten, Schablonen, Abdeckmasken und Reservemittel herangezogen werden, dazu viele gute Ratschläge für optimale Druckergebnisse. Da diese Kapitel nicht aufeinander aufbauen, können Sie mit jedem von ihnen beginnen.

Und jetzt geht es los – mit traumhaft schönen Stoffen!

KAPITEL 1

Bevor Sie beginnen

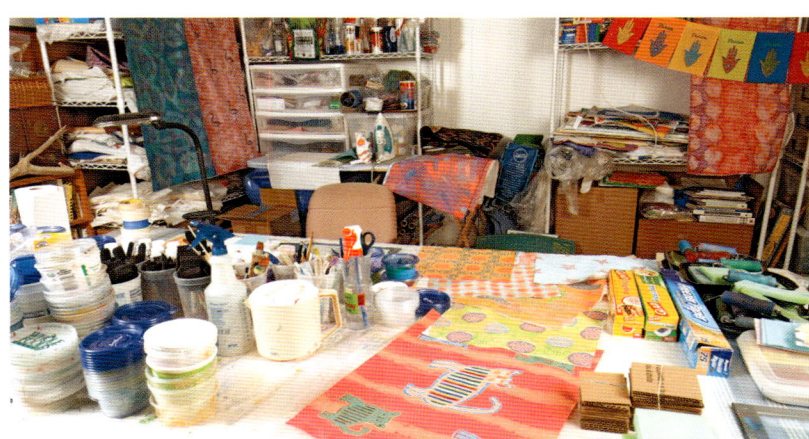

Nachdem ich viele Jahre lang meinen Esstisch zum Bedrucken von Stoff genutzt hatte, brauchte ich ein dauerhafteres Atelier. Um mir Anregungen zu holen, besuche ich die Ateliers von anderen Textilkünstlern. Jedes Atelier war anders, dennoch gab es Gemeinsamkeiten.

Das Wohnzimmer sollte der perfekte Raum für mein Atelier werden. Mithilfe einer 150 x 245 cm großen Sperrholzplatte als ebener Arbeitsfläche verwandelte ich vier verstellbare Klapptische in einen großen Arbeitstisch. Auf der Platte sind zwei Lagen Polstermaterial befestigt: ein Stück Teppichunterlage und eine große Fleecedecke. Darüber liegt eine dicke Kunststoff-Abdeckplane, um die Oberfläche vor Farbklecksen zu schützen. Ich investierte auch in eine gute Beleuchtung und Regale zum Verstauen. Jetzt hatte ich endlich meinen eigenen Arbeitsplatz!

Arbeitsplatz einrichten

Man braucht nicht viel, um sich eine funktionale Arbeitsecke zum Bemalen und Bedrucken von Stoff einzurichten. Ein Esstisch oder Küchentisch, eine breite Küchenarbeitsplatte oder auch ein Klapptisch sind alle eine gute Lösung. Oder Sie fertigen sich ein paar leicht zu verstauende, gepolsterte, tragbare Arbeitsplatten an (siehe Seite 14). Falls Sie keine gute (künstliche) Beleuchtung von oben besitzen oder sich leisten können, bieten ein Raum mit heller natürlicher Beleuchtung und eine Leuchte mit Vollspektrum-Leuchtmittel (Tageslichtlampe) gute Alternativen. Fehlt Ihnen der Platz für große Regale, werden Sie kreativ und bewahren Ihre Utensilien in Kisten und Körben auf. Man benötigt kein perfektes Atelier, um schöne bemalte und bedruckte Stoffe herstellen zu können!

Mein Atelier, das hier zu sehen ist, hat alles, was einen guten Arbeitsplatz ausmacht. Hier kann ich auch Drucke wie den auf der gegenüberliegenden Seite gestalten, wo Fundstücke wie Batterien und Milchflaschenverschlüsse zum Einsatz kamen.

A. feste Schaumstoffwalze **B.** Glaspalette **C.** Schaumstofftupfer **D.** Palettenmesser **E.** kleines Kunststoffgefäß **F.** Stoffe (vom Hersteller färbefertig vorbehandelter Baumwollstoff und helle Baumwollstoffe) **G.** Kunststofflöffel **H.** Wischlappen **I.** Küchenpapier **J.** Kunststoffgefäß für Wasser **K.** Stecknadeln **L.** Schaumstoffpinsel **M.** Borstenpinsel **N.** Stofffarben **O.** Sprühflasche **P.** Kreppband **Q.** gepolsterte tragbare Arbeitsplatte

Werkzeug-Grundausstattung

Nachfolgend finden Sie eine Liste der Werkzeuge und Materialien, die für die meisten der Projekte in diesem Buch benötigt werden. Sie sollten sie griffbereit haben, wenn Sie beginnen.

- Gepolsterte tragbare Arbeitsplatte(n)
- Vom Hersteller färbefertig vorbehandelter Baumwollstoff (im Patchworkbedarf auch unter der englischen Bezeichnung PFD-Baumwollstoff erhältlich) oder vorgewaschener weißer oder heller Stoff aus 100 % Baumwolle, in Rechtecke zerschnitten, die 50 cm breit und so lang wie eine halbe Stoffbreite sind (also 50 x 55 cm bis etwa 50 x 75 cm, auch Fat Quarter genannt).
- Kreppband oder Stecknadeln, um den Stoff auf der gepolsterten Arbeitsfläche zu befestigen.
- Stoffmalfarben. Je nach der verwendeten Technik wird mit transparenten oder opaken Farben gearbeitet. Ich empfehle Ihnen, sich mindestens Weiß (nur in Opak erhältlich), Schwarz und die Primärfarben zuzulegen.
- Kleine Kunststoffgefäße mit Deckel für die Farben. Ich verwende oft Wegwerfgefäße aus Kunststoff mit 250 ml Fassungsvermögen, aber auch gebrauchte Joghurt- und Margarinebecher sowie andere kleine Behälter eignen sich gut.
- Mehrere Kunststofflöffel oder Palettenmesser zum Anmischen und Entnehmen von Farbe.
- Mehrere Schaumstoffpinsel, 2,5 und 5 cm breit
- Mehrere Schaumstofftupfer
- Borstenpinsel in mehreren Größen
- Gefäß für Wasser zum Verdünnen transparenter Farben. Ich benutze eine Kunststoffkanne mit 1,5 l Fassungsvermögen.
- Noch weitere gebrauchte Kunststoffbehälter zum Aufbewahren von Löffeln, Pinseln usw.
- Sprühflasche mit Wasser
- Mindestens zwei oder drei feste Schaumstoffwalzen
- Mindestens zwei oder drei Glas- oder Plexiglaspaletten, die Kanten mit Gewebeklebeband umklebt
- Küchenpapier
- Zusätzlichen Stoff (z. B. Baumwollstoff oder Nessel) als Wischlappen und für Stoffproben

Betrachten wir nun einige der Gegenstände in der Werkzeug-Grundausstattung etwas genauer.

GEPOLSTERTE TRAGBARE ARBEITSPLATTE

Gepolsterte tragbare Arbeitsplatten lassen sich leicht anfertigen (siehe Seite 14) und verstauen. Dank ihres geringen Gewichts kann man sie gut transportieren. Bemessen Sie sie so groß, dass ein etwa 50 x 75 cm großes Stoffrechteck daraufpasst. Obwohl ich einen großen Arbeitstisch habe, benutze ich diese gepolsterten Platten ständig. Da ich oft gleich mehrere Stoffstücke bemale oder bedrucke, habe ich gern mehrere von diesen Platten zur Hand.

GEEIGNETE STOFFE UND GRÖSSE DER STOFFSTÜCKE

Für die in diesem Buch vorgestellten Techniken werden Stoffe aus 100 % Baumwolle verwendet. Ich empfehle Ihnen vom Hersteller färbefertig vorbehandelten Baumwollstoff, der so, wie er vom Ballen kommt, bedruckt werden kann. Er ist weder appretiert noch mit optischen Aufhellern gebleicht. Als Alternative bieten sich weiße oder farbige Unistoffe aus 100 % Baumwolle in hellen bis mittleren Farbtönen an. Waschen Sie sie in warmem oder heißem Wasser mit einem Waschmittel ohne Weichmacher und andere Zusatzstoffe vor. Da für die Techniken in diesem Buch Stoffmalfarben und keine Textilfarben zum Durchfärben zum Einsatz kommen, reicht diese simple Vorbehandlung aus, die dafür sorgt, dass die Farbe an der Stoffoberfläche haften kann.

Auf den gepolsterten tragbaren Arbeitsplatten können Sie jeweils ein bis zu 50 x 75 cm großes Stoffstück bedrucken. Wenn ich das erste Mal mit einer Technik experimentiere, arbeite ich häufig mit kleineren Formaten. Schneiden Sie sich versuchsweise für Ihre Experimente oder Arbeitsproben einige 40 x 50 cm oder 30 x 40 cm große Stoffstücke zu.

DER IDEALE ARBEITSPLATZ

Achten Sie bei der Einrichtung Ihres Arbeitsplatzes unbedingt auf folgende Punkte:

- Eine ebene Arbeitsfläche (Küchentisch oder Esstisch, breite Küchenarbeitsplatte, Klapptisch)
- Eine die ebene Arbeitsfläche bedeckende Polsterung (Decke, großes Handtuch, dünnes Quiltvlies, doppelt gelegter Filz)
- Kunststoffabdeckung zum Schutz der Arbeitsfläche (Abdeckplane, Kunststofftischdecke, Vinylfolie, Kunststofffolie/Acetatfolie)
- Gute Beleuchtung (Vollspektrum-Leuchte, Tageslicht)
- Aufbewahrungsmöglichkeiten für Werkzeuge und Materialien (Regale, Kunststoff-Aufbewahrungsboxen, Körbe)

EINE GEPOLSTERTE TRAGBARE ARBEITSPLATTE ANFERTIGEN

Für eine Arbeitsplatte benötigen Sie:
- Eine 55 x 80 cm große Leichtschaumplatte oder ein entsprechend großes Stück schwere Wellpappe.
- Zwei 55 x 80 cm große Stücke weißen Acryl-Bastelfilz (ersatzweise dünnes Quiltvlies).
- Ein 55 x 80 cm großes Stück Kunststoff- oder Acetatfolie (0,08 mm dick). Beide Materialien sind als Rollenware erhältlich. Auch dicke Vinylfolie, eine Kunststoffabdeckplane oder sogar Müllsäcke, jeweils auf die Plattenmaße zugeschnitten, eignen sich gut. Mein Favorit ist Kunststofffolie, weil sie eine glatte, faltenfreie Fläche ergibt.
- Kreppband, 5 cm breit.
- Schere zum Schneiden des Filzes und der Folie.

ANLEITUNG

1. Schneiden Sie den Filz und die Kunststofffolie auf die Größe der Leichtschaumplatte zu.

2. Die Filzstücke auf die Platte legen und mit dem 5 cm breiten Kreppband gut festkleben.

3. Mit einigen Streifen Kreppband ein Stück Kunststofffolie auf der gepolsterten Platte befestigen.

Zwei Stücke Acrylfilz auf die Größe der Leichtschaumplatte zuschneiden.

So viel Kunststoff- oder Acetatfolie von der Rolle abwickeln und -schneiden, dass Sie die gepolsterte Platte damit bedecken können.

Kleben Sie die Folie mit einigen Streifen Kreppband auf die Platte.

STOFFMALFARBEN

Stoffmalfarben werden auf Acrylbasis hergestellt und enthalten ein spezielles Bindemittel, durch das sie besser am Stoff haften. Die hochwertigsten Stoffmalfarben können auf den Stoff aufgetragen werden, ohne seine Haptik oder seinen „Griff" zu beeinflussen. Von den meisten Marken sind sowohl opake als auch transparente Farben erhältlich. Transparente Stoffmalfarben werden gewöhnlich vor dem Auftragen verdünnt. Ähnlich wie Aquarellfarben kann man sie auch auf dem Stoff mischen, indem man mehrere lasierende Farbschichten übereinanderlegt. Opake Farben sind dickflüssiger als transparente und werden zum Bedrucken und Schablonieren verwendet.

Maltechniken

Probieren Sie die folgenden Maltechniken mit transparenten wie opaken Farben aus.

MIT TRANSPARENTEN STOFFMALFARBEN ARBEITEN

Lesen Sie in der Gebrauchsanweisung auf dem Farbbehälter nach, in welchem Verhältnis Sie die Farbe mit Wasser verdünnen müssen, damit sie sich optimal auf den Stoff auftragen lässt. Allerdings kann man transparente Stoffmalfarbe für unterschiedliche Techniken und Effekte verschieden stark verdünnen. So kann sie etwa zum Bedrucken mit Wachspapier- oder geprägten Alufolie-Druckplatten und zum Gestalten von Monoprints mit Klarsichtfolie (siehe Kapitel 4) unverdünnt oder nur leicht verdünnt verwendet werden. Auch zum Malen auf getrocknetem Reservemittel sollte man die Farbe etwas weniger stark verdünnen als empfohlen, damit sie nicht durch das Reservemittel dringt (siehe Kapitel 6). Für eine pastellfarbene Lasierung benötigt man dagegen mehr Wasser als angegeben. In diesem Fall mischen Sie am besten unverdünnte Farben in einem gesonderten Gefäß miteinander und verdünnen sie danach mit der gleichen Menge Wasser. Anschließend füllen Sie ein weiteres Gefäß mit Wasser und rühren dann allmählich die verdünnte Farbe hinein, bis der gewünschte Pastellton entstanden ist.

MIT TRANSPARENTEN STOFFMALFARBEN INDIVIDUELLE FARBTÖNE ANMISCHEN

Zum Anmischen eines individuellen Farbtons beginnen Sie mit unverdünnter Farbe. Um keine Farbe zu vergeuden, gießen Sie zunächst eine hellere Farbe in ein Kunststoffgefäß und mischen dann allmählich eine dunklere hinein. Manche Farben, beispielsweise Rot und Schwarz, sind so gesättigt, dass schon wenige Tropfen den Farbton schnell und dramatisch verändern können. Sind die unverdünnten Farben miteinander vermischt, fügen Sie Wasser hinzu. Da Wasser den Farbton aufhellt, sollten Sie diesen Effekt beim Mischen der unverdünnten Farben berücksichtigen.

TIPP: Zwei Stoffe auf einen Streich

So erhalten Sie im Handumdrehen zwei bemalte Stoffstücke: Bemalen Sie ein Stoffstück (siehe Seiten 16–17) und legen Sie gleich danach vorsichtig ein zweites unbemaltes Stoffstück darauf. Dann eine feste Schaumstoffwalze darüber rollen, damit es einen Teil der auf den ersten Stoff aufgebrachten Farbe annimmt. Das zweite Stoffstück abziehen und trocknen lassen. Da das zweite Stoffstück sowohl Farbe vom ersten als auch die Struktur der Rolle annimmt, ergibt es einen tollen Hintergrundstoff!

Um mit einem einzigen Malgang rasch einen Stoff samt passendem Hintergrundstoff zu gestalten, ein trockenes weißes Stoffstück auf ein frisch bemaltes legen, mit einer festen Schaumstoffwalze darüberrollen und das Stoffstück abziehen.

Mit transparenten Stoffmalfarben Stoffgründe malen

Natürlich kann man für die in den Kapiteln 2 bis 6 beschriebenen Techniken auf handelsübliche Unistoffe zurückgreifen, aber was spricht eigentlich dagegen, einen persönlichen Touch hineinzubringen, indem man sich seine farbigen Stoffgründe selbst malt? Handgemalte Stoffgründe können Ihren Stoffdesigns Struktur, Tiefe und Abwechslung verleihen. Je nach der gewünschten Wirkung Ihres Stoffgrunds können Sie analoge Farben wie Blau und Lila oder kontrastierende wie Blau und Gelb dafür verwenden. Zudem haben Sie die Wahl, ob Sie die Farben im empfohlenen Verhältnis verdünnen oder damit Pastelltöne anmischen wollen. Hier finden Sie einige Ideen für handgemalte Stoffgründe.

ANLEITUNG

1. Zerschneiden Sie den Stoff zum Experimentieren in Fat Quarters (s. Seite 13) oder kleinere Stücke. Eines der Stoffstücke mit Kreppband auf eine gepolsterte tragbare Arbeitsplatte kleben.

2. Wollen Sie sich auf eine einzige Farbe beschränken, besprühen Sie den Stoff vor dem Bemalen leicht mit Wasser, damit die Farbe besser aus dem Pinsel auf den Stoff fließen kann. Dieser Kniff ermöglicht es außerdem, Farben miteinander zu mischen. Zum Malen eines Designs mit klar voneinander abgegrenzten Farben darf der Stoff nicht besprüht werden.

3. Einen Schaumstoffpinsel in die unverdünnte Farbe tauchen. Sofern Sie einen sauberen Pinsel benutzen, lassen Sie ihn kurz im Gefäß stehen, damit er die Farbe besser aufsaugen kann, und streichen ihn dann am Gefäßrand ab, um überschüssige Farbe zu entfernen. (Siehe A.)

Einen Schaumstoffpinsel in eines der Gefäße mit Farbe tauchen. Bevor Sie den Stoff bemalen, den Pinsel am Gefäßrand abstreichen, um überschüssige Farbe zu entfernen.

Mit der ersten Farbe Streifen auf den Stoff malen, dazwischen jeweils Platz für einen Streifen in der zweiten Farbe lassen.

Dieser fertige Hintergrundstoff ist blau-lila gestreift.

MATERIAL

- Verdünnte transparente Stoffmalfarbe in zwei Farbtönen
- Mehrere Schaumstoffpinsel
- Kreppband
- Vom Hersteller färbefertig vorbehandelter Baumwollstoff oder vorgewaschener weißer Stoff aus 100 % Baumwolle
- Gepolsterte tragbare Arbeitsplatte(n)
- Wischlappen
- Sprühflasche (nach Wunsch)
- Saubere feste Schaumstoffwalze (nach Wunsch)

4. Um den Stoff einfarbig zu bemalen, setzt man einen Strich von der Breite des Pinsels nach dem anderen nebeneinander, bis der Stoff vollständig und gleichmäßig mit Farbe bedeckt ist. Dabei wird der Pinsel wie erforderlich in die Farbe eingetaucht.

5. Für ein Streifenmuster malen Sie zunächst alle Streifen in der einen Farbe und setzen dann die Streifen in der anderen Farbe dazwischen. Sollen die Streifenkanten schärfer ausfallen, dürfen Sie den Stoff nicht mit Wasser besprühen. Setzen Sie die Streifen im zweiten Farbton mit ein wenig Abstand zwischen die Streifen im ersten, denn die Farbe verläuft noch etwas, bis sie auf die erste Farbe trifft. Um die Farben miteinander zu mischen, die zweite Farbe direkt neben der ersten auftragen oder den Stoff mit der Sprühflasche mit Wasser besprühen. Sie können das Muster variieren, indem Sie farbige viereckige oder anders geformte Flächen malen oder Teile des weißen Stoffes frei lassen. Wischen Sie überschüssige Farbe auf Ihrer Arbeitsplatte mit einem extra Lappen weg.

6. Sollte der Stoff beim Bemalen Blasen werfen, rollen Sie eine saubere feste Schaumstoffwalze (siehe Seite 18) über den Stoff. Entfernen Sie überschüssige Farbe mit einem Wischlappen.

MIT OPAKEN STOFFMALFARBEN ARBEITEN

Opake Stoffmalfarben sind dickflüssiger als transparente und werden unverdünnt verwendet. In den folgenden Kapiteln erfahren Sie, wie Sie diese Farben mit Druckstöcken und Schablonen einsetzen müssen, um üppige Stoffe zu gestalten, die reich an Strukturen, Mustern und Bildern sind.

MIT OPAKEN STOFFMALFARBEN INDIVIDUELLE FARBTÖNE ANMISCHEN

Wie bei den transparenten Malfarben ist es auch bei den opaken erheblich effektiver, zum Anmischen mit dem hellsten Farbton zu beginnen und dann allmählich dunklere Töne hinzuzufügen. Zum Aufhellen von Farben beginnt man mit ein wenig opakem Weiß und gibt dann andere Farben zu. Schon ein winziger Tick Weiß bringt eine gedruckte Farbe zum Leuchten, wogegen eine Farbe, die so, wie sie aus dem Behälter kam, verwendet wurde, gedruckt oft stumpf wirkt.

Um durch Aufhellen mit Weiß eine getrübte Farbe herzustellen, mischen Sie zunächst in einem Gefäß eine Grundfarbe an. Dann gießen Sie etwas Weiß in ein weiteres Gefäß und geben nach und nach die Grundfarbe hinzu, bis der gewünschte getrübte Farbton erreicht ist. Testen Sie die Farbe vor dem Drucken auf Ihrem Stoff, denn im Gefäß wirken Farben heller als auf Stoff. Dazu den kleinen Finger in die Farbe tauchen und an einer unauffälligen Stelle einen kleinen Farbtupfen auf den Stoff drucken. Um getrübte Farben durch Abdunkeln mit Schwarz zu erzeugen oder kalte oder warme Schattierungen einer Grundfarbe anzumischen, gehen Sie ähnlich vor wie oben beschrieben.

Rollen Sie eine mit Farbe bedeckte feste Schaumstoffwalze über einen Druckstock, bis er gleichmäßig mit Farbe versehen ist, und pressen Sie dann den Druckstock auf den Stoff. Diese Technik ergibt die gleichmäßigsten Stoffdrucke.

TECHNIKEN DES FARBAUFTRAGS

Nachfolgend finden Sie drei Möglichkeiten, opake Stoffmalfarben auf Druckstöcke aufzutragen. Jede von ihnen hat bestimmte Vorzüge und ergibt spezifische Oberflächeneffekte.

Mit der Schaumstoffwalze

Eine feste Schaumstoffwalze weist über einem soliden hölzernen Kern eine feste Schaumstofflage auf, die sich hervorragend dazu eignet, Farbe aufzunehmen und auf einen Druckstock zu übertragen. Für diese Technik benötigen Sie ferner eine Palette aus Glas oder Plexiglas. Unter einer Palette versteht man eine glatte, ebene Platte zum Ausrollen von Farbe. In Fachgeschäften für Bilderrahmung und in Glasereien sind oft fertig zugeschnittene Glas- oder Plexiglas-Platten erhältlich, die man problemlos zu Paletten umfunktionieren kann, indem man ihre scharfen Kanten mit Gewebeklebeband umklebt.

1. ¼ Teelöffel Farbe auf eine Glaspalette geben und mit der Schaumstoffwalze verteilen, indem Sie diese so lange durch die Farbe hin- und herrollen, bis sie gleichmäßig damit bedeckt ist.

2. Die mit Farbe bedeckte Walze auf dem Druckstock hin- und herrollen, bis er gleichmäßig mit Farbe versehen ist.

3. Pressen Sie den Druckstock auf den Stoff, damit er die Farbe abgibt.

4. Nach jedem Druck frische Farbe auf den Druckstock auftragen, jeweils etwa ¼ Teelöffel. Geben Sie nicht zu viel Farbe auf die Palette, sonst gelangt auch zu viel Farbe auf die Walze und der Druck fällt unsauber aus.

Mit dieser Technik des Farbauftrags erzielt man die gleichmäßigsten Druckbilder. Sie eignet sich am besten für Druckstöcke mit relativ ebener Oberfläche oder gleich hohen Elementen.

Mit dem Schaumstoffpinsel

Diese Auftragstechnik lässt sich sowohl für Druckstöcke mit ebener als auch für solche mit deutlich plastischer Oberfläche verwenden. Die Drucke können infolge der Pinselstriche etwas streifig ausfallen. Ein Vorzug dieser Technik liegt darin, dass man gleich mehrere Farben auf den Druckstock auftragen kann. Oder man druckt zuerst mit dem nur einfarbig bestrichenen Druckstock, bemalt ihn dann mit ein oder mehreren Farben mit Details und überdruckt den ersten Druck.

1. Mischen Sie in einem kleinen Kunststoffgefäß opake Stoffmalfarbe an.

2. Tauchen Sie einen 2,5 oder 5 cm breiten Schaumstoffpinsel in die Farbe und streifen Sie den Pinsel am Gefäßrand ab, um überschüssige Farbe zu entfernen. Achten Sie darauf, nicht zu viel Farbe mit dem Pinsel aufzunehmen, da sonst auch zu viel Farbe auf den Druckstock gelangt, was ein unsauberes Druckbild ergibt.

3. Die Farbe mit leichten Pinselstrichen auf den Druckstock auftragen. Um unsaubere Drucke zu vermeiden, möglichst nur die erhabenen Teile der Druckfläche mit Farbe bestreichen und darauf achten, dass keine Farbe in die Vertiefungen gerät.

4. Den Druckstock umgekehrt auf den Stoff aufsetzen und aufdrücken, damit er die Farbe abgibt.

Mit einem Schaumstoffpinsel kann man gleich mehrere Farben auf den Druckstock aufbringen. Die Drucke erhalten durch die Pinselstriche eine gewisse Struktur.

Mit dem Schaumstofftupfer

Tragen Sie mit einem Tupfer aus weichem Polsterschaumstoff (siehe Seite 21) Farbe auf einen Druckstock auf. Diese Technik ist ideal für deutlich plastische Druckstöcke aus Samen, Bohnen, Körnern und aus Salzteig (siehe Kapitel 2). Im Gegensatz zu anderen Auftragstechniken darf hier ruhig Farbe in die Vertiefungen des Druckstockmotivs gelangen. Um den Druck noch interessanter zu gestalten, können gleich mehrere Farben auf den Druckstock aufgebracht werden.

1. Geben Sie ¼ Teelöffel opake Farbe auf eine Glaspalette.

2. Drücken Sie den Tupfer erst in die Farbe und dann mehrmals auf das Glas, um überschüssige Farbe zu entfernen.

3. Den Druckstock mit Farbe betupfen, bis er vollständig und gleichmäßig damit bedeckt ist.

4. Drücken Sie den Druckstock auf den Stoff, damit er die Farbe abgibt.

Zum Auftragen von Farbe auf deutlich plastische Druckstöcke empfiehlt sich ein Schaumstofftupfer. Sie können damit vor dem Drucken gleich mehrere Farben auf den Druckstock aufbringen.

EINEN SCHAUMSTOFFTUPFER ANFERTIGEN

Ein Schaumstofftupfer ist ein Druckwerkzeug, das sich ganz einfach aus nichts weiter als weichem Polsterschaumstoff und einem Gummiband anfertigen lässt. Er eignet sich optimal zum Auftragen von Stoffmalfarbe auf plastische Druckstöcke wie geschnitzte Gemüse (Kapitel 3) und auf Schablonen (Kapitel 4 und 5). Basteln Sie sich gleich mehrere von diesen Tupfern, damit Sie sie zum Drucken mit verschiedenen Farbtönen zur Hand haben.

MATERIAL
- Polsterschaumstoff, 10 mm dick (die weiche, großporige Qualität)
- Gummibänder (eines pro Tupfer)
- Schere
- Dicker Permanentmarker
- Durchsichtiges viereckiges Patchworklineal mit Raster

ANLEITUNG

1. Zeichnen Sie mithilfe des Lineals und Permanentmarkers 10 x 15 cm große Rechtecke auf dem Schaumstoff an.

2. Schneiden Sie die Rechtecke mit der Schere aus.

3. Eine Längsseite des Schaumstoffrechtecks zur Mitte falten, dann die zweite Längsseite über die erste falten.

4. Falten Sie nun den Schaumstoff zur Hälfte und halten Sie ihn mit einem Gummiband zusammen.

1

Für jeden Tupfer auf 10 mm dickem weichem Polsterschaumstoff ein 10 x 15 cm großes Rechteck ausmessen und anzeichnen.

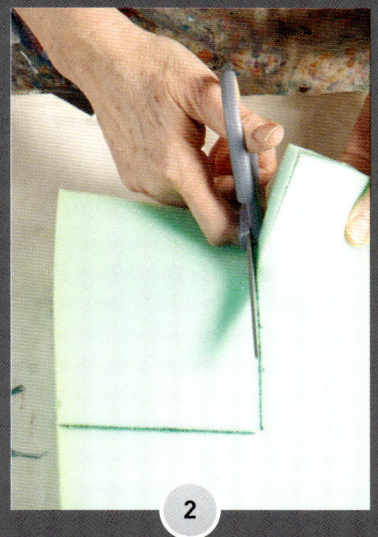

2

Schneiden Sie die Schaumstoffrechtecke aus.

3

Falten Sie nacheinander die Längskanten zur Mitte.

4

Nun die Schaumstoff-Rolle zur Hälfte falten und ein Gummiband darum schlingen.

FARBE FIXIEREN

Damit die Stoffmalfarbe dauerhaft am Stoff haftet, muss sie fixiert werden. Informieren Sie sich anhand der Gebrauchsanweisung auf dem Farbbehälter, wie genau Sie dazu verfahren müssen. Die meisten Stoffmalfarben werden entweder mithilfe eines Bügeleisens oder eines Wäschetrockners durch Hitzeeinwirkung fixiert. Für die Hitzefixierung mit dem Bügeleisen benötigen Sie zusätzlich ein Stück Baumwoll- oder Nesselstoff als Bügeltuch, das Sie zum Schutz des Bügeleisens auf den bemalten Stoff legen.

Ich habe die Erfahrung gemacht, dass sich manche Stoffmalfarben im Lauf der Zeit quasi von selbst fixieren. Um zu testen, ob das auf eine bestimmte Marke zutrifft, bemalen Sie mehrere Stoffstücke im selben Farbton und packen anschließend eines davon als Kontrollstück, das ungewaschen bleibt, beiseite. Dann legen Sie alle paar Tage ein anderes Stoffstück in warmes Seifenwasser, um zu prüfen, ob die Farbe ausblutet. Verfärbt sich das Seifenwasser nicht, wissen Sie, dass sich die Farbe ohne Hitzeeinwirkung von selbst fixiert hat. Ob die Farbe ausblutet, kann man am besten bei dunklen Farbtönen erkennen.

DAS WERKZEUG SAUBER HALTEN

Stoffmalfarbe basiert auf Acryl und lässt sich leicht mit Wasser und Seife abwaschen. Wie bei anderen Acrylfarben auch, ist es wichtig, das Werkzeug abzuwaschen, ehe die Farbe eingetrocknet ist. Wenn Farbe auf einem Schaumstoffpinsel eintrocknet, wird er steif und unbenutzbar. Können Sie Malpinsel nicht sofort auswaschen, lassen Sie sie in nasser Farbe oder einem Gefäß mit Wasser stehen, damit die Farbe nicht eintrocknen kann.

Waschen Sie Schaumstoffwalzen mit warmem Wasser und etwas Handspülmittel aus. Reiben Sie dabei die Walze, um die Farbe zu entfernen. Diese verfärbt zwar den Schaum und kann im Lauf der Zeit auch Rückstände auf der Walze bilden, aber das schränkt deren Funktionsfähigkeit nicht ein.

Geschnitzte Stempel, Radiergummis und handelsübliche Druckstöcke aus gummiartigem Material lassen sich problemlos reinigen. Spülen Sie sie mit fließendem Wasser ab und benutzen Sie bei Bedarf ein mildes Handspülmittel. Hat sich Farbe in den Vertiefungen festgesetzt, können Sie versuchen, sie mit einer weichen Zahnbürste vorsichtig zu entfernen. Durch die Farben verfärben sich solche Druckstöcke leicht. Druckstöcke aus versiegelten Materialien und solche aus Werkstoffen wie gebrauchtem Styropor oder Aluminium reinigt man am besten, indem man sie leicht mit Wasser besprüht und die Farbe sorgfältig mit Küchenpapier abgewischt. Für Blöcke mit empfindlicheren Bestandteilen basteln Sie sich ein Stempelkissen, indem Sie einige Blätter Küchenpapier zusammenfalten und mit Wasser besprühen. Dann bedrucken Sie es so lange mit dem mit Farbe bedeckten Druckstock, bis die Farbe weitestgehend von ihm entfernt ist.

Haben Sie sich einen festen Arbeitsplatz eingerichtet, ein paar gepolsterte tragbare Arbeitsplatten angefertigt und die Grundausstattung an Werkzeugen und Materialien zum Bemalen und Bedrucken von Stoffen zugelegt, ist es Zeit für den nächsten Schritt: Das Entdecken der aufregenden Stoffdruckgeheimnisse, die in den Schubladen und Schränken, dem Kühlschrank und den Recyclingeimern in Ihrer Küche verborgen sind.

TIPP: Stoffe trocknen

Richten Sie sich einen festen Platz zum Trocknen von noch nassen bemalten oder bedruckten Stoffen ein. Da die Stoffe auf tragbaren Arbeitsplatten befestigt sind, lassen sie sich problemlos zu einem eigenen Trockenbereich transportieren. Indem man die Bereiche zum Bemalen/Bedrucken und zum Trocknen voneinander getrennt hält, kann man jederzeit weiterdrucken. Platzieren Sie nasse Stoffe in der Nähe eines Heizkörpers oder stellen Sie einen Ventilator an, um das Trocknen zu beschleunigen.

Von der Küche inspiriertes Stoffdesign: Mit transparenter Farbe sich abwechselnde Streifen aufbringen und mithilfe eines Struktur-Druckstocks mit opaker Farbe überdrucken. Hier wurde ein Salzteig-Druckstock mit einer farbenfrohen Anordnung von geschnitzten Motiven aus Obst und Gemüse kombiniert.

A. selbstheilende Schneidematte **B.** Stoffschere **C.** Cutter **D.** kleine scharfe Schere **E.** Blechschere **F.** Linolschnittwerkzeug
G. auswechselbare Linolschnittmesser **H.** Rollschneider

Weitere nützliche Geräte und Materialien

Sämtliche Materiallisten für die in den folgenden Kapiteln beschriebenen Projekte und Techniken enthalten Gegenstände, die Sie zusätzlich zur Werkzeug-Grundausstattung benötigen. Dazu gehören:

HAUSHALTSGERÄTE
- Bügeleisen und Bügelbrett oder Bügelmatte
- Waschmaschine und Wäschetrockner
- Herd oder Kochplatte
- Mikrowellengerät
- Großes Spül- oder Waschbecken
- Drucker mit Verkleinerungs- und Vergrößerungsfunktion oder Fotokopiergerät

SCHNEIDEWERKZEUGE
- Cutter oder kleines Allzweckmesser
- Rollschneider
- Stoffschere, Allzweckschere und kleine scharfe Schere für Papierschnitt-Motive
- Linolschnittwerkzeug und auswechselbare Linolschnittmesser
- Blechschere
- Selbstheilende Schneidematte (zum Arbeiten mit Cutter und Rollschneider)

MESS- UND MARKIERWERKZEUGE
- Durchsichtiges viereckiges Patchworklineal mit Raster
- Maßband
- Wasserfester Marker
- Selbstlöschender Trickmarker
- Dicke und dünne Permanentmarker
- Bleistift
- Küchenwaage, Wiegeskala 1 g

KLEBSTOFFE
- Kreppband (2,5 und 5 cm breit), blaues Malerkrepp, doppelseitiges Klebeband
- Weißleim
- Malgel
- Tacky-Glue-Kleber (farblos auftrocknender Leim, der flexibel bleibt)
- Klebestift
- Heißklebepistole und Heißklebesticks

PAPIER
- Weißes Druckerpapier
- Schwarzes Bastelpapier
- Transparentpapier

A. Schneebesen **B.** großer Metalllöffel **C.** Maiskolbenhalter **D.** Kunststoff-Teigschaber **E.** Dekolocher
F. Schablonen **G.** Untersetzer **H.** Plätzchenausstecher

SONSTIGES

Diese Liste enthält hilfreiche Werkzeuge zum Gestalten von Druckstöcken und Schablonen sowie zum Arbeiten mit verschiedenen Reservemitteln.

- Kopfkissenbezug oder Wäschebeutel mit Zugband
- Gummibänder
- Zahnstocher
- Maiskolbenhalter
- Plätzchenausstecher zum Ausstechen von Gemüsescheiben und für Schablonen
- Handelsübliche Schablonen
- Dekolocher
- „Werkzeuge" zum Einritzen von Styropor, Prägen von Folien und Hineinkratzen von Entwürfen in Reservemittel: hölzerner Schaschlikspieß, Gabel und Kugelschreiber
- Kunststoff-Teigschaber oder kleine Rakel
- Kunststoff-Spritzflaschen zum Auftragen von Reservemitteln
- Kleine Kunststofftrichter in mehreren Größen
- Große Schüssel
- Schneebesen
- Kochtopf mit 3 l Fassungsvermögen
- Großer Metalllöffel
- Untersetzer
- Plastikschüssel, die in ein großes Spül- oder Waschbecken passt

Benutzen Sie zum Einritzen von Mustern in Druckstöcke aus gebrauchtem Styropor verschiedenste Utensilien wie zum Beispiel eine Gabel oder einen Kugelschreiber. Für einen so reich mit Strukturen und anderen Mustern bedruckten Stoff wie den abgebildeten werden verschiedene Druckstöcke miteinander kombiniert.

KAPITEL 2
Drucken mit strukturierten Küchenmaterialien und Fundstücken

Das Drucken mit Fundstücken erinnert mich stark an eine Schatzsuche. Wenn ich auf der Suche nach potenziellen Mustern bin, durchwühle ich die Krimskrams-Schublade in der Küche, spähe in Schränke, schaue unter das Spülbecken und inspiziere die Recyclingmaterialien. Für die Projekte in diesem Kapitel habe ich außerdem noch örtliche Lebensmittel- und Ein-Euro-Läden in meine Jagd nach strukturierten Schätzen für den Stoffdruck einbezogen.

Normalerweise spielt die Struktur bei meinen Stoffentwürfen eine Nebenrolle. Strukturen sind die erste Lage, die ich drucke, und gewöhnlich harmonieren sie mit der Stofffarbe, wodurch ein interessanter Stoffgrund entsteht, der noch mit weiteren Mustern oder Bildern überdruckt werden kann. In diesem Kapitel ist die Struktur jedoch der Star. Die Stoffe, die Ihnen hier begegnen werden, zeichnen sich durch mehrere Schichten von Strukturdrucken aus, die mit Druckstöcken aus Trockenvorräten oder Schnur und mit Schablonen aus Schrankeinlagen und Zierdeckchen erzeugt werden. Sie erfahren, wie man mit Walzen Frottagen gestaltet und aus Salzteig Druckstöcke mit vertieften Strukturen kreiert, drucken mit Fundstücken und Küchenutensilien und schneiden Motive in Radiergummis von jeder Form und Größe. Darüber hinaus lernen Sie, Stoffe zu entwerfen, bei denen der Fokus auf Wiederholung, Schichtung und Musterung liegt. Ich hoffe, Sie werden spüren, wie aufregend die Erforschung des ungeheuren Verwendungspotenzials ist, das diese Alltagsmaterialien für die Gestaltung Ihrer eigenen wunderschönen Stoffe bergen.

Die Stoffdruck-Collage auf der gegenüberliegenden Seite steckt voller Bewegung und Farbigkeit, erzeugt durch Bedrucken, Schablonieren und Frottage mit verschiedenen strukturierten Küchenmaterialien.

> **TIPP: Ein Musterbuch anlegen**
>
> Legen Sie sich ein Musterbuch an, indem Sie Probestücke mit Drucken von Mustern und Strukturen sowie Probedrucke mit Ihren Fundstücken anfertigen. Notieren Sie sich alles Wichtige direkt auf den Probestücken, damit Sie später noch nachvollziehen können, wie Ihnen ein toller Entwurf gelungen ist!

VORSCHLÄGE FÜR STRUKTURIERTE MATERIALIEN

Halten Sie die Augen auf nach folgenden flachen strukturierten Materialien, die sich hervorragend zum Direktdrucken, für Schaumstoffwalzen-Frottagen und – in bestimmten Fällen – für Schablonendrucke eignen:

- Kühlschrankmatten
- Papier-Spitzentischdecken
- Tischsets (aus geprägtem Vinyl oder anderem Kunststoff und Naturmaterialien wie Bambus)
- Greifpads
- Silikontopflappen
- Strukturierte Fondantmatten
- Netzverpackungen für Obst und Gemüse

Haben Sie eine Sammlung zusammengetragen, ist es Zeit, sie in drei Kategorien einzusortieren, um ihre verborgenen Vorzüge optimal erkennen zu können: Zum Ersten eigentlich flache Materialien mit vollflächigem geprägtem, erhabenem oder durchbrochenem Muster (etwa Zierdeckchen, rutschfeste Schrankeinlagen oder Netze; zum Zweiten leicht handzuhabende Materialien mit willkürlicher Oberflächenstruktur wie Schwämme und Topfreiniger; zum Dritten Materialien, die zum Drucken am besten auf einem Trägermaterial befestigt werden, wie Trockenvorräte und Schnur. Der erste Teil des Kapitels stellt die ersten beiden Strukturkategorien in den Mittelpunkt, nämlich flache geprägte Materialien und solche mit willkürlicher Oberflächenstruktur.

Drei Drucktechniken

Die unten beschriebenen Textildrucktechniken kommen im gesamten Buch zur Anwendung.

Direktdruck: Tragen Sie mit einer mit Farbe bedeckten Schaumstoffwalze, einem Schaumstoffpinsel oder einem Schaumstofftupfer Stoffmalfarbe direkt auf das Fundstück, den Druckstock oder das strukturierte Material auf (siehe Seiten 18–20). Anschließend legen Sie das mit Farbe versehene Druckwerkzeug mit der Druckfläche nach unten auf den Stoff und drücken es darauf (beim Drucken mit Papprollen rollen Sie diese über den Stoff), damit die Farbe auf den Stoff abgegeben wird.

Schablonendruck: Stellen Sie eine Schablone her, indem Sie in stabile, flache Materialien wie Schrankeinlagen, Müslikartons (siehe Seite 82) oder Freezer Paper (siehe Seite 64) Motive schneiden. Auch Materialien mit Aussparungen oder Durchbruchmustern wie Spülbeckeneinlagen oder Zierdeckchen liefern gute Resultate. Legen Sie die fertige Schablone auf den Stoff und tragen Sie mit einem mit Farbe versehenen Schaumstofftupfer, Schaumstoffpinsel oder Schaumstoffwalze durch die Schablonenaussparungen Farbe auf den Stoff auf. Anschließend heben Sie die Schablone ab, sodass das Motiv sichtbar wird.

Schaumstoffwalzen-Frottage: Bei dieser Methode schiebt man flache strukturierte Materialien oder auf einem flachen Stück Wellpappe (siehe Seite 43) befestigte Strukturen unter den Stoff. Anschließend rollt man eine mit Farbe bedeckte Schaumstoffwalze über den Stoffbereich, unter dem sich das strukturierte Material befindet, um dessen Struktur auf den Stoff zu übertragen.

Eine Collage mit übereinandergelegten Strukturen gestalten

Die Arbeit mit flachen strukturierten Materialien ist besonders inspirierend. Kombiniert man Direktdruck, Schablonendruck und Frottage miteinander, erhält man oft überraschende Ergebnisse. Um sie zu präsentieren, bietet sich eine gedruckte Strukturcollage an.

> **MATERIAL**
> - Rutschfeste Schrankeinlage oder Kühlschrankmatte
> - Cutter oder kleine scharfe Schere
> - Permanentmarker
> - Durchsichtiges viereckiges Patchworklineal mit Raster
> - Selbstheilende Schneidematte

FORMEN UND SCHABLONEN AUS EINER RUTSCHFESTEN SCHRANKEINLAGE AUSSCHNEIDEN

Damit Sie Ihre Collage gestalten können, müssen Sie sich zunächst Formen und Schablonen zum Drucken anfertigen.

ANLEITUNG

1. Messen Sie mit dem Lineal auf der Schrankeinlage Vierecke ab und schneiden Sie sie aus. Empfehlenswert sind Rechtecke oder Quadrate mit 10–15 cm Kantenlänge. Eine andere Möglichkeit sind organische Formen.

2. Mit dem Permanentmarker einfache Motive wie Kreise, Ovale oder Quadrate mittig auf die Formen zeichnen, dabei ringsherum mindestens einen 2,5 cm breiten Rand lassen.

3. Die Motive mit dem Cutter oder der Schere vorsichtig auf der Schneidematte ausschneiden. Schneiden Sie sie möglichst in einem Stück aus und bewahren Sie die herausgeschnittenen Formen für Schaumstoffwalzen-Frottagen oder Direktdrucke auf.

Aus einer Schrankeinlage Rechtecke oder andere Formen ausschneiden.

Auf die ausgeschnittenen Formen einfache Motive zeichnen.

Die Motive ausschneiden.

Für einen farbenfrohen Stoff wie diesen werden Schichten von Direktdrucken, Schablonendrucken und Schaumstoffwalzen-Frottagen miteinander kombiniert.

MATERIAL

- Werkzeug-Grundausstattung (siehe Seite 13)
- Eine Auswahl an flachen strukturierten Materialien (siehe Seite 30)
- Aus rutschfesten Produkten angefertigte Schablonen und Formen
- Schwämme und Topfreiniger

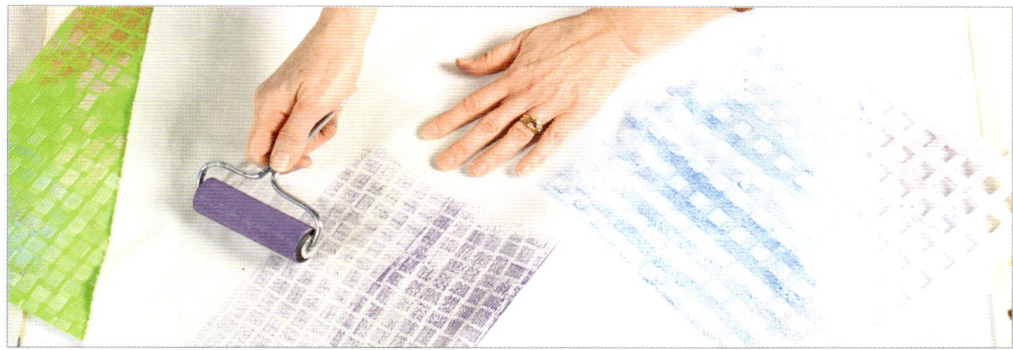

Für einen interessanten Stoffgrund lohnt sich ein Versuch mit Schaumstoffwalzen-Frottagen. Schieben Sie dazu flache strukturierte Materialien unter den Stoff und rollen Sie zum Übertragen der Strukturen eine mit Farbe bedeckte feste Schaumstoffwalze über den Stoff.

DIE COLLAGE DRUCKEN

Kombinieren Sie Ihre Schrankeinlagen-Schablonen mit anderen flachen strukturierten Küchenmaterialien, um einen Stoff mit einer farbenprächtigen „Collage" zu bedrucken.

Mischen Sie sich dazu zunächst eine Auswahl an opaken Stoffmalfarben an oder verwenden Sie die Farben so, wie sie aus dem Behälter kommen. Wählen Sie zwei oder drei Grundfarben aus und mischen Sie dann mit Weiß verschiedene Töne davon an (siehe Seite 17). Beginnen Sie Ihre Collage auf Stoff mit Schaumstoffwalzen-Frottagen (Anregungen hierfür im Kasten unten).

1. Kleben Sie Ihr Stoffstück mit Kreppband auf Ihre Arbeitsfläche und schieben Sie eine Auswahl an flachen strukturierten Materialien unter den Stoff.

2. Geben Sie etwa ¼ Teelöffel opake Stoffmalfarbe auf die Glaspalette. Rollen Sie die Schaumstoffwalze auf der Palette hin und her, bis sie gleichmäßig mit Farbe bedeckt ist.

3. Nun die mit Farbe bedeckte Walze über einen Teil des Stoffes rollen, dabei nur so stark aufdrücken, dass die darunterliegende Struktur auf den Stoff übertragen wird. Mit anderen Farben noch andere Strukturen übertragen (siehe Abbildung oben).

4. Fügen Sie mit Direktdrucken und einfachen Schablonendrucken noch weitere Schichten zu Ihrer Strukturcollage hinzu (siehe auch Seite 30). Experimentieren Sie auch damit, den Stoff mit einer Schrankeinlagen-Schablone direkt zu bedrucken und außerdem innerhalb ihrer Aussparungen mit dem Schwamm eine kontrastierende Farbe auf den Stoff aufzutragen. Oder legen Sie für komplexere Schaumstoffwalzen-Frottagen flache strukturierte Materialien und Schablonen nacheinander so unter den Stoff, dass sich die Frottagen überlagern.

DIE ANGST VOR DER WEISSEN LEINWAND

Es ist zwar ein altes Klischee, aber dennoch häufig der Fall, dass der Anblick eines weißen Stoffstücks genauso einschüchternd wirkt wie der einer weißen Leinwand. Das ist auch einer der Gründe, weshalb ich für meine Entwürfe oft den Stoff zuerst mit verdünnter transparenter Stoffmalfarbe bemale (siehe Seite 16). Eine andere Lösung des Problems besteht darin, den Stoff mit der Schaumstoffwalze in Frottagetechnik großflächig mit Strukturen zu versehen (siehe Seite 30).

Erhabene und vertiefte Strukturen

Bei einem Blick in Ihre Vorratskammer entdecken Sie mit Sicherheit Kartons und Tüten voller Schätze für Ihre Stoffentwürfe. Verwandeln Sie getrocknete Kidneybohnen und Linsen, Reis, Nüsse und Nudeln in einzigartige Druckstöcke mit erhabenen Strukturen. Sie können diese Druckstöcke anschließend dazu benutzen, entsprechende Gegenstücke in Form von Salzteig-Druckstöcken mit vertieften Strukturen herzustellen. Kombinieren Sie Drucke mit beiden Druckstock-Varianten für ein grafisches Spiel mit Positiv- und Negativformen oder schieben Sie die Druckstöcke unter Ihren Stoff und rollen Sie für Struktur-Frottagen mit Farbe bedeckte Schaumstoffwalzen darüber. Auf diese Weise gestaltete Stoffe können sowohl für sich stehen als auch als idealer Grund für weitere Schichten von gedruckten oder schablonierten Designs dienen.

STRUKTUR-DRUCKSTÖCKE MIT TROCKENVORRÄTEN ANFERTIGEN

Manche Nahrungsmittel sind zu klein, als dass man sie einzeln zum Drucken verwenden könnte – es geht viel leichter, wenn man sie dazu auf einem Stück Wellpappe befestigt. Benutzen Sie solche Druckstöcke für flächendeckende Hintergrundstrukturen oder Rapportmuster.

ANLEITUNG

1. Gießen Sie Weißleim oder Malgel in ein Kunststoffgefäß und bestreichen Sie die Wellpappe dünn damit.

2. Ordnen Sie die Strukturmaterialien auf der Wellpappe an. Dazu kleine Materialien wie Reiskörner und Linsen auf den Klebstoff schütten und andrücken, damit eine gleichmäßige Lage entsteht. Größere Materialien wie Kidneybohnen oder Mandeln legt man einzeln auf den Klebstoff. Spaghetti werden in kürzere Stücke gebrochen und diese zu Mustern arrangiert. Schnur, Zahnstocher und Büroklammern befestigen Sie mit doppelseitigem Klebeband auf der Pappe.

3. Lassen Sie nun der Druckstock einige Minuten ruhen. Dann kippen Sie ihn an, um überschüssiges Material zu entfernen. Vergewissern Sie sich, dass der Druckstock lückenlos mit dem Material bedeckt ist. Wenn nicht, etwas Material in die Lücken streuen, um sie zu füllen.

4. Versiegeln Sie die Struktur-Druckstöcke, indem Sie sie mit mindestens einer Schicht Klebstoff bestreichen. Auf diese Art wird gleichzeitig das Strukturmaterial noch besser auf der Wellpappe fixiert. Dann den Klebstoff vollkommen durchtrocknen lassen, ehe Sie den Druckstock zum Drucken oder zur Herstellung von Salzteig-Druckstöcken benutzen (siehe Seite 38).

MATERIAL

- Wellpappe, in mindestens 7,5 x 10 cm große Stücke geschnitten
- Cutter
- Durchsichtiges viereckiges Patchworklineal mit Raster
- Selbstheilende Schneidematte
- Trockenvorräte für Strukturen (z. B. Reis, Linsen, Kidneybohnen, Nudeln und Nüsse)
- Andere Küchenmaterialien (z. B. Zahnstocher, Schnur oder Bindfaden und Büroklammern)
- Weißleim oder Malgel
- Kunststoffgefäß
- Schaumstoffpinsel
- Abdeckplane für den Tisch
- Doppelseitiges Klebeband
- Kreppband

Bestreichen Sie die Wellpappe mit Weißleim.

Das Material auf den nassen Klebstoff schütten oder legen.

Den Klebstoff einige Minuten abbinden lassen, ehe Sie den Druckstock ankippen, um überschüssiges Material zu entfernen.

Ist der Druckstock vollkommen durchgetrocknet, eine Schicht Klebstoff als Versiegelung auftragen.

Kapitel 2: Drucken mit strukturierten Küchenmaterialien und Fundstücken | *Seite 35*

STRUKTURIERTE KÜCHENMATERIALIEN ZUM UMWICKELN

Hier zeige ich Ihnen drei Vorschläge zur Anfertigung von Struktur-Druckstöcken durch Umwickeln von Wellpappe mit Küchenmaterialien:

1. Druckstock mit Gummibändern. Ein simpler Druckstock mit grafischem Wow-Effekt! Umwickeln Sie dazu ein Stück Wellpappe mit Gummibändern. Probieren Sie verschiedene Gummiband-Größen aus. Benutzen Sie beide Seiten des Druckstocks zum Drucken.

2. Druckstock mit Kunststoff-Bindestreifen. Fertigen Sie mithilfe von Kunststoff-Bindestreifen einen Struktur-Druckstock mit schlaufenförmigen Linien an. Dazu auf die Vorderseite des Wellpappestücks doppelseitiges Klebeband kleben, um die Bindestreifen noch besser zu fixieren. Etwaige lose Bindestreifen-Enden werden auf der Druckstockrückseite mit Kreppband festgeklebt.

Dieser leicht anzufertigende Druckstock mit Gummibändern ergibt markante gedruckte Linien.

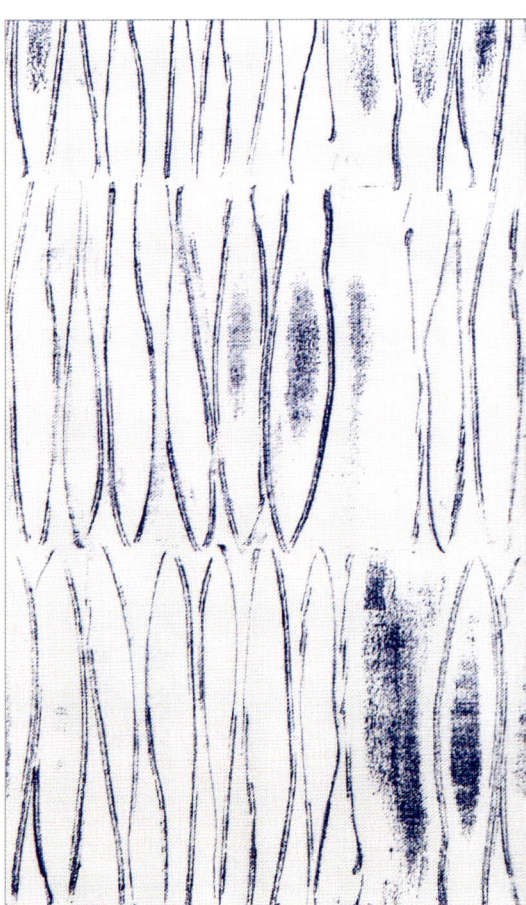

Die unregelmäßigen Schlaufen eines Druckstocks mit Kunststoff-Bindestreifen erzeugen ein organisches gedrucktes Hintergrundmuster.

3. Druckstock mit Schnur oder Bindfaden. Ordnen Sie Schnur oder Bindfaden unterschiedlich auf der Wellpappe an, damit Sie eine Reihe verschiedener Strukturen und anderer Motive drucken können. Dazu wird die Vorderseite des Druckstocks mit einer Lage doppelseitigem Klebeband beklebt, um die Schnur oder den Bindfaden noch besser zu fixieren. Die Schnur- oder Bindfadenstücke können Sie knoten, flechten oder um die Pappe wickeln. Lose Enden auf der Druckstockrückseite mit Kreppband festkleben.

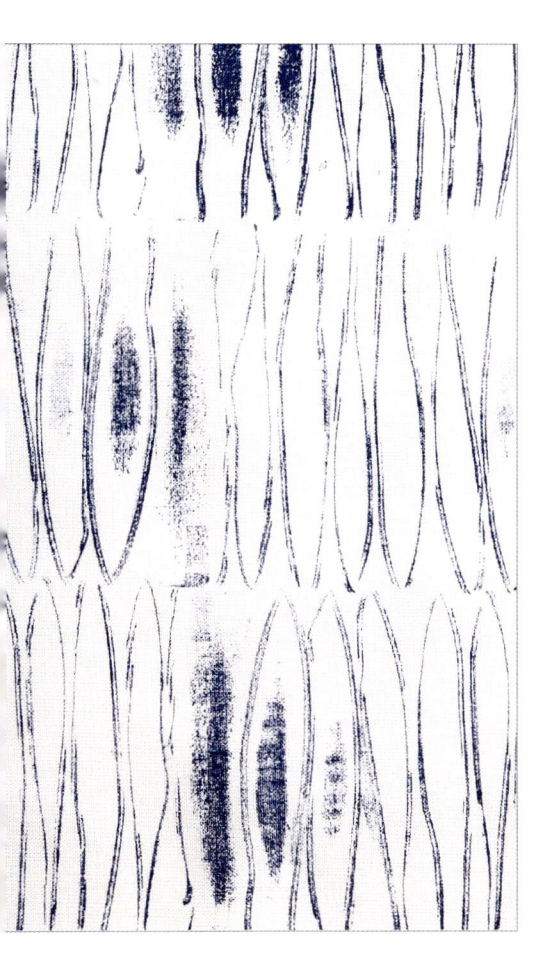

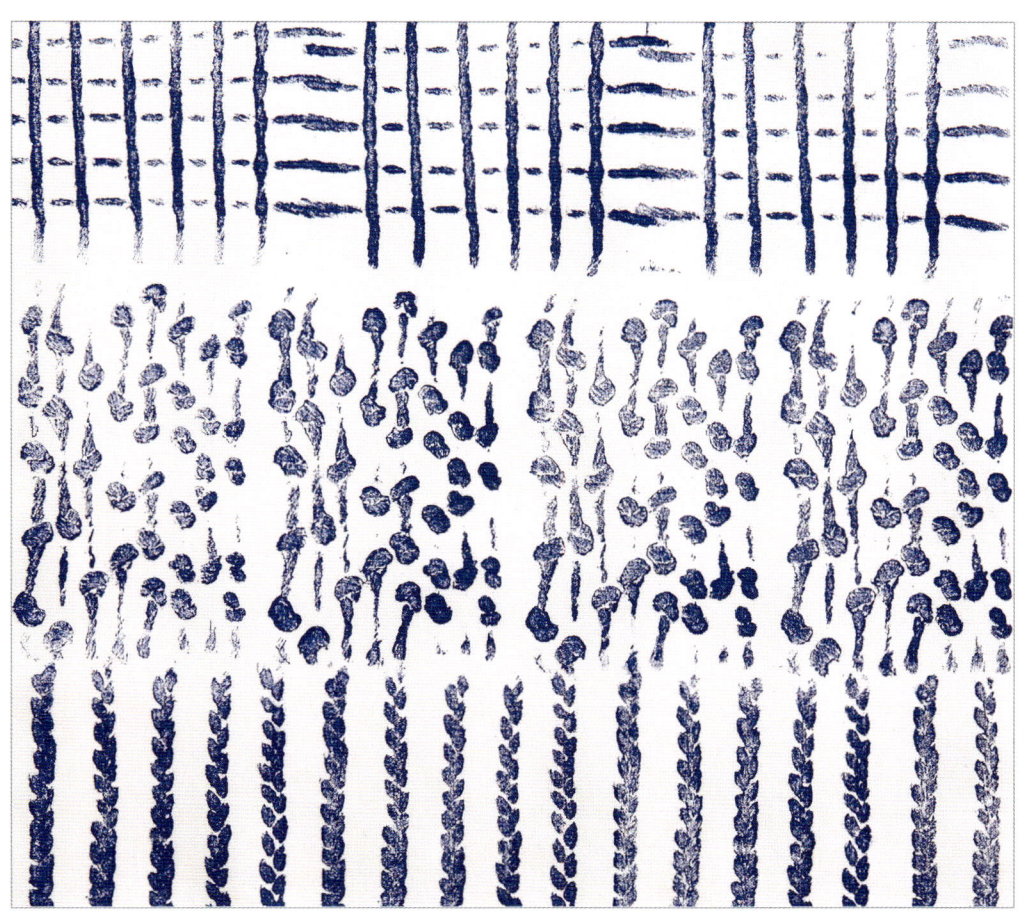

Ob gewickelt, geknotet oder geflochten – mit Schnur und Bindfaden geschaffene Strukturen haben viele Gesichter.

SALZTEIG-DRUCKSTÖCKE MIT VERTIEFTEN STRUKTUREN ANFERTIGEN

Benutzen Sie Ihre soeben angefertigten Trockenvorräte-Druckstöcke dazu, Salzteig-Druckstöcke mit vertieften Strukturen zu kreieren. Salzteig, den man ganz einfach aus Haushaltsmehl, Salz und Wasser herstellen kann, wird zwar meist zum Basteln von Weihnachtsschmuck verwendet, eignet sich aber auch bestens für Druckstöcke mit vertieften Strukturen. Sobald die Druckstöcke gebacken und versiegelt sind, kann damit gedruckt werden. Dabei entstehen Negativdrucke, die in interessantem grafischem und strukturalem Kontrast zu den Positivdrucken der erhabenen Druckstöcke stehen.

Rezept für Salzteig
Ergibt etwa zehn 7,5 x 10 cm große Druckstöcke.

ANLEITUNG

1. Vermengen Sie in einer großen Schüssel das Mehl mit dem Salz und dem Wasser zu einem fast gleichmäßigen Teig. Dann den Teig einige Minuten kneten, bis er glatt ist. Zerteilen Sie den Teig in drei gleich große Portionen. Die Portionen nacheinander weiterverarbeiten.

2. Dazu die erste Teigportion zwischen zwei Bögen Wachspapier legen. (Nach Wunsch den unteren Bogen mit Mehl bestreuen, damit der Teig nicht daran festklebt.) Den Teig 3 mm dick ausrollen. Entfernen Sie den oberen Bogen Wachspapier.

3. Einen Struktur-Druckstock mit der strukturierten Seite nach unten auf den Teig setzen, aber noch nicht hineindrücken. Mit dem Messer den Umriss des Druckstocks auf dem Teig nachziehen und das Teigstück ausschneiden.

4. Den Polsterschaumstoff mit Wachspapier bedecken und auf eine harte, ebene Arbeitsfläche legen. Legen Sie dann das ausgeschnittene Teigstück samt dem daraufliegenden Druckstock auf das Wachspapier. Jetzt den Druckstock in den Teig drücken. Dabei wird der weiche Polsterschaumstoff zusammengepresst, was einen sauberen Teigabdruck begünstigt.

5. Nun den Druckstock, der vermutlich am Teig klebt, abheben. Lösen Sie ihn vorsichtig vom Teig und legen Sie diesen auf das Backblech. Mit dem Zahnstocher Löcher in die Vertiefungen im Teig stechen.

6. Den Backofen auf 120 °C (Gasherd Stufe ½) vorheizen. Weitere Stücke ausgerollten Teigs mit anderen vertieften Strukturen versehen, bis das Backblech voll ist. Das Blech in den Ofen schieben.

7. Nach zehn Minuten das Blech aus dem Ofen nehmen und die Teigstücke auf Luftblasen überprüfen. Eventuell vorhandene Blasen mit dem Zahnstocher aufstechen, dann mithilfe des Ofenhandschuhs behutsam die Luft aus der Blase drücken. Das Blech wieder in den Ofen schieben. Die nächsten 30 Minuten diesen Vorgang wie erforderlich wiederholen. Backen Sie die Teigstücke 60 oder 70 Minuten oder bis sie hart und hellbraun sind. Sollten sich einige der Druckstöcke etwas verformt haben, ist das nicht schlimm, da später beim Drucken zusätzliches Polstermaterial verwendet wird. Die fertigen Teigstücke aus dem Ofen nehmen und auf dem Gitterrost vollständig abkühlen lassen.

8. Versiegeln und verstärken Sie den Druckstock, indem Sie mit dem Pinsel auf beiden Seiten mindestens zwei Schichten Weißleim oder Malgel auftragen.

MATERIAL

- 240 g Haushaltsmehl (Typ 405)
- 150 g Salz
- 175 ml Wasser
- Große Schüssel
- Großer Löffel
- Mit Backpapier ausgelegtes Backblech
- Verschiedene Struktur-Druckstöcke
- Wachspapier
- Nudelholz
- Polsterschaumstoff, 10 mm dick (mindestens so groß wie Ihr größter Struktur-Druckstock)
- Zahnstocher oder hölzerner Schaschlikspieß
- Ofenhandschuh
- Weißleim oder Malgel
- Kunststoffgefäß und Schaumstoffpinsel
- Messer

1. Die Zutaten für den Salzteig miteinander vermengen, bis ein Teig entsteht.

2. Legen Sie den Teig zwischen zwei Bögen Wachspapier und rollen Sie ihn aus.

3. Einen Struktur-Druckstock auf den Teig legen und seinen Umriss mit dem Messer nachziehen.

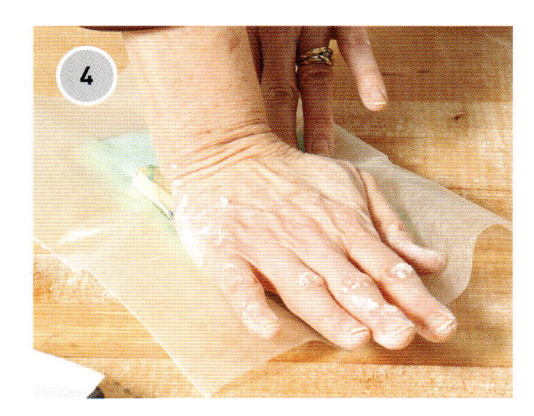

4. Den Struktur-Druckstock samt dem daran haftenden Teig mit dem Teig nach unten auf den mit Wachspapier abgedeckten Polsterschaumstoff legen und in den Teig drücken.

5. Den Teig vom Druckstock lösen und auf ein Backblech legen.

6. Das Backblech in den Ofen schieben.

7. Backen und auskühlen lassen.

8. Die Teigstücke versiegeln.

Kapitel 2: Drucken mit strukturierten Küchenmaterialien und Fundstücken | *Seite 39*

MATERIAL

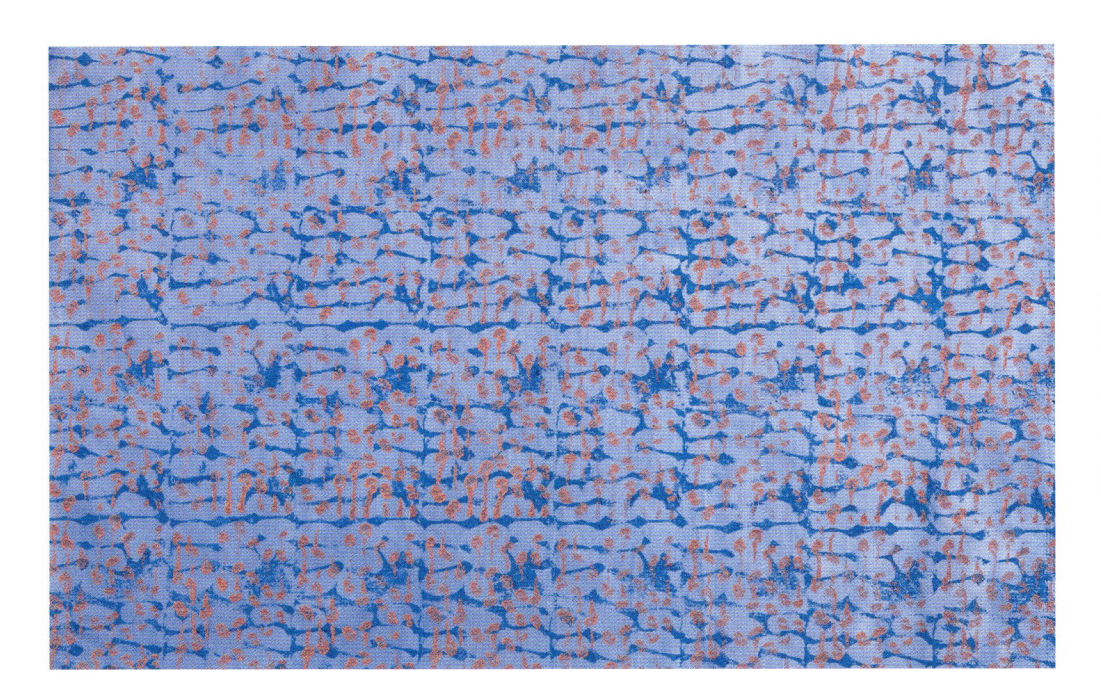

- Werkzeug-Grundausstattung (siehe Seite 13)
- 50 x 75 cm Polsterschaumstoff, 10 mm dick (weicher, großporiger Schaumstoff, die gleiche Art wie für die Schaumstofftupfer)
- 55 x 80 cm Nessel oder Baumwollstoff
- Mit Trockenvorräten und Schnur beklebte Wellpappe-Druckstöcke
- Salzteig-Druckstöcke mit vertieften Strukturen

Kombinieren Sie Muster aus Positiv- und Negativdrucken auf demselben Stoffstück für grafische Effekte.

DRUCKEN MIT DRUCKSTÖCKEN MIT ERHABENEN UND VERTIEFTEN STRUKTUREN

Sie haben nun eine Auswahl an Trockenvorräte-Druckstöcken mit erhabenen Strukturen für „Positivdrucke" und Salzteig-Druckstöcken mit vertieften Strukturen für „Negativdrucke". Jetzt können Sie Stoffe mit Schichten von Strukturen bedrucken!

ANLEITUNG

1. Mischen Sie sich mit opaken Stoffmalfarben einige Farbtöne an oder verwenden Sie die Farben so, wie sie aus dem Behälter kommen. Beginnen Sie zum Anmischen eines individuellen Farbtons mit der hellsten Farbe und geben Sie dann allmählich dunklere Farben hinzu. Kleben Sie den Stoff an den Kanten mit Kreppband auf Ihre Arbeitsplatte. Zum Drucken mit deutlich plastischen Druckstöcken mit erhabenen Strukturen oder mit Salzteig-Druckstöcken mit vertieften Strukturen verstärken Sie die Polsterung unter dem Stoff (siehe Tipp: „Polsterschaumstoff für plastische Druckstöcke" auf Seite 43). Dazu den Polsterschaumstoff auf die tragbare Arbeitsplatte legen, mit dem Nessel bedecken und den Stoff mit Kreppband auf den Nessel kleben.

2. Zum Drucken mit Druckstöcken mit relativ flachen Materialien wie Spaghetti, Zahnstochern oder Schnur tragen Sie mit einer festen Schaumstoffwalze eine gleichmäßige Schicht Farbe auf die Druckstöcke auf. Dazu etwa ¼ Teelöffel opake Stoffmalfarbe auf die Glaspalette geben. Dann die Schaumstoffwalze auf der Palette hin- und herrollen, bis sie gleichmäßig mit Farbe bedeckt ist, und anschließend über den Druckstock rollen.

3. Auf Druckstöcke mit deutlich plastischen Materialien und auf Salzteig-Druckstöcke mit vertieften Strukturen bringen Sie die Farbe mit einem Schaumstofftupfer auf.

4. Legen Sie dann die mit Farbe versehenen Druckstöcke umgekehrt auf den Stoff und pressen Sie sie darauf, damit sie die Farbe abgeben. Fahren Sie fort, Farbe auf den ersten Druckstock aufzutragen und mit ihm zu drucken, um auf diese Weise die erste Schicht Strukturen auf den Stoff aufzubringen.

5. Drucken Sie mit einem Salzteig-Druckstock noch eine zweite Schicht Strukturen, damit ein reich strukturierter Stoff entsteht.

1. Verwenden Sie zum Drucken mit relativ plastischen Struktur-Druckstöcken zusätzliches Polstermaterial (10 mm dicken Polsterschaumstoff).

2. Zum Drucken mit einem Druckstock mit eher flachen Materialien (wie Spaghetti) mit Schaumstoffwalze eine gleichmäßige Farbschicht auf den Druckstock auftragen.

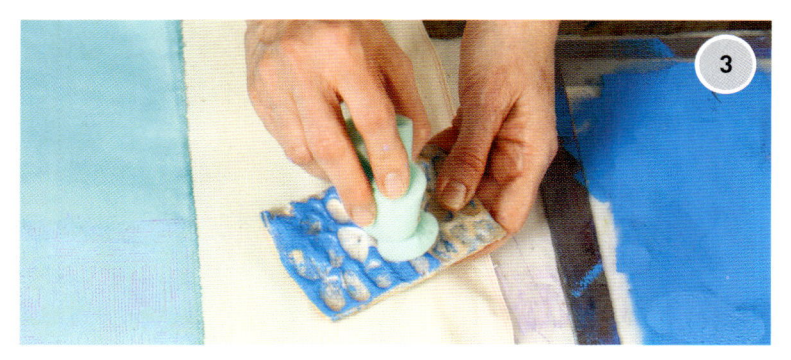

3. Die recht plastischen Salzteig-Druckstöcke mit vertieften Strukturen mit einem Schaumstofftupfer mit Farbe versehen.

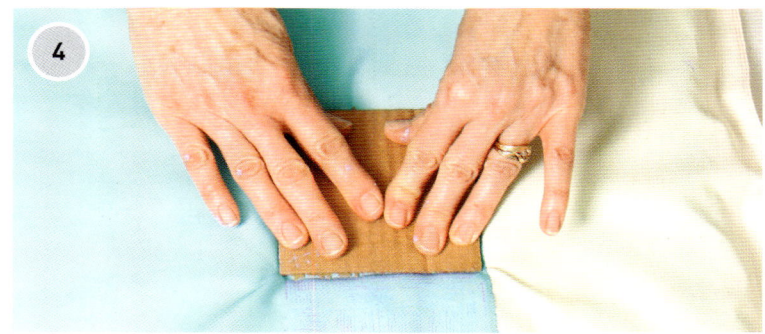

4. Pressen Sie den Druckstock auf den Stoff, damit die Farbe abgegeben wird.

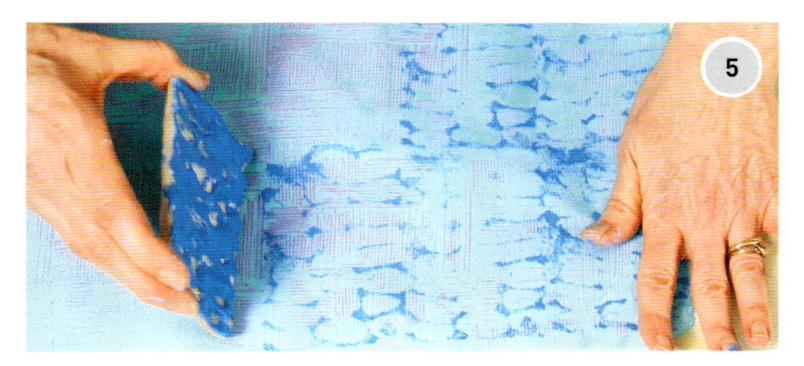

5. Überdrucken Sie mit einem Salzteig-Druckstock die erste Schicht von Strukturen mit einer zweiten, um dem Stoff Tiefe zu verleihen.

Kapitel 2: Drucken mit strukturierten Küchenmaterialien und Fundstücken | *Seite 41*

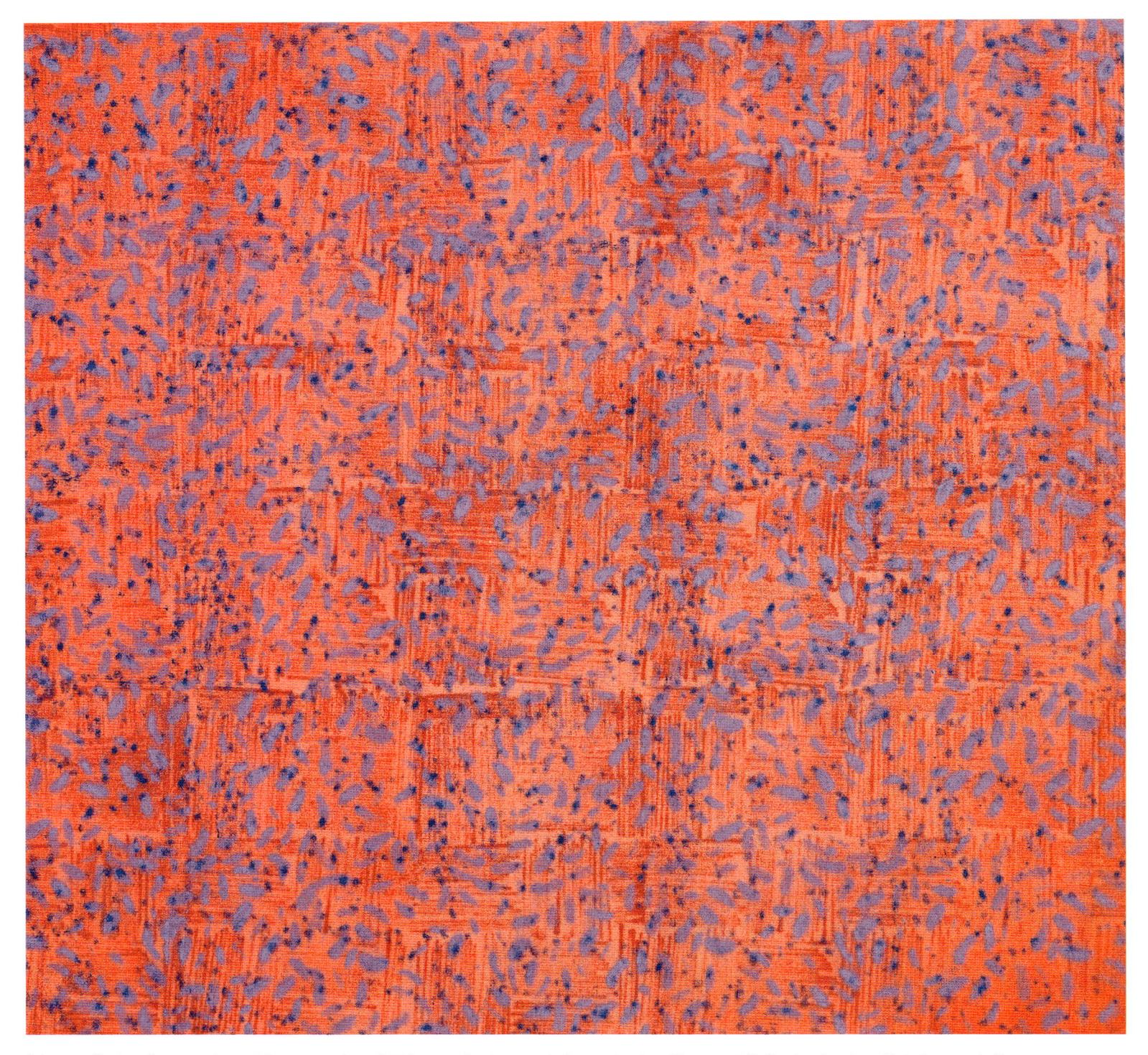

Schaumstoffwalzen-Frottagen eignen sich gut, um mehrere Schichten von Strukturen aufzubauen oder einen Hintergrund für Drucke mit anderen Techniken zu schaffen.

SCHAUMSTOFFWALZEN-FROTTAGEN MIT WELLPAPPE-DRUCKSTÖCKEN

Am besten gelingen Schaumstoffwalzen-Frottagen mit Struktur-Druckstöcken auf Wellpappebasis. Benutzen Sie für diese Technik den zusätzlichen Polsterschaumstoff.

ANLEITUNG

1. Bedecken Sie die tragbare Arbeitsplatte mit dem Polsterschaumstoff und dem Nessel. Kleben Sie dann den Stoff an den Kanten mit Kreppband auf die Platte. Anschließend den Druckstock dazwischenschieben. Dabei darauf achten, dass er sich problemlos zwischen Stoff und Nessel schieben lässt.

2. Geben Sie etwa ¼ Teelöffel opake Stoffmalfarbe auf die Glaspalette. Rollen Sie dann die Schaumstoffwalze auf der Palette hin und her, bis sie gleichmäßig mit Farbe bedeckt ist.

3. Die Farbe über den Stoffbereich rollen, unter dem sich der Druckstock befindet.

4. Schieben Sie nun den Druckstock vorsichtig an eine andere Stelle unter dem Stoff. Dann mit der mit frischer Farbe versehenen Walze über den Stoffbereich rollen, der jetzt auf dem Druckstock liegt. Fahren Sie auf diese Weise fort, bis das gesamte Stoffstück mit Frottagen bedeckt ist.

MATERIAL

- Werkzeug-Grundausstattung (siehe Seite 13)
- 50 x 75 cm Polsterschaumstoff, 10 mm dick
- 55 x 80 cm Nessel oder Baumwollstoff
- Mit Trockenvorräten und Schnur beklebte Wellpappe-Druckstöcke

TIPP: Polsterschaumstoff für plastische Druckstöcke

Verwenden Sie Polsterschaumstoff, damit Ihre Drucke besser gelingen. Trockenvorräte-Druckstöcke mit plastischen Materialien wie Bohnen und Mandeln sowie Salzteig-Druckstöcke mit vertieften Strukturen liefern auf einer Unterlage aus 10 mm dickem Polsterschaumstoff bessere Ergebnisse. Beim Hineinpressen des mit Farbe bedeckten Druckstocks wird der weiche Schaumstoff komprimiert, sodass der Druckstock mehr Kontakt mit dem Stoff hat. Verwenden Sie den Polsterschaumstoff auch für Schaumstoffwalzen-Frottagen.

> **MATERIAL**
> - Linolschnittwerkzeuge mit kleinem und großem Geißfuß
> - Cutter
> - Bleistifte zum Schnitzen von Radiergummistempeln und zum Zeichnen
> - Dreieckige Aufsteck-Radiergummis
> - Flache rechteckige und anders geformte Radiergummis
> - Transparentpapier und Kunststofflöffel (nach Wunsch)

Bedrucken Sie Ihren Stoff mit verschieden großen geschnitzten Radiergummis, um winzige Details hinzuzufügen oder Wiederholungen von Mustern, Strukturen und kleinen gegenständlichen Motiven zu erzeugen.

Fundstücke und Küchenwerkzeuge

Da gibt es wirklich unendlich viele Möglichkeiten! Ich brenne schon darauf, Ihnen zu zeigen, wie Sie es am besten angehen, mit den Schätzen aus Ihrer Krimskrams-Küchenschublade, Ihrer Wochenausbeute an Recyclingmaterialien und Ihren Funden aus dem örtlichen Ein-Euro-Laden Stoffe zu entwerfen und zu bedrucken.

Angesichts der riesigen Auswahl entschloss ich mich, meine Schätze nach Art und Größe zu sortieren. Ich fertigte ein paar „Inventarisierungsdrucke" an und überlegte mir, wie ich mit den gefundenen Objekten und Werkzeugen hergestellte Drucke kombinieren und schichtweise anordnen wollte. Letztendlich gestaltete ich dann mithilfe von kleinen Objekten aus meiner Krimskrams-Küchenschublade einen quadratischen Neunerblock. Sie können aber auch einen Stoff mit größeren Mustern und Strukturen kreieren, die Sie mit Küchenwerkzeugen drucken.

STEMPEL AUS RADIERGUMMIS

Ich schnitze für mein Leben gern Stempelmotive! Auch wenn Sie vielleicht gewohnt sind, mit größeren Druckstöcken zu arbeiten, können Sie unterschiedlich geformte flache Radiergummis, dreieckige Aufsteck-Radiergummis und selbst Radiergummis von Bleistiften mit den verschiedensten geschnitzten Motiven versehen. Denken Sie jedoch daran, dass nur mit den stehen gelassenen Bereichen gedruckt wird, nicht mit den weggeschnittenen.

Bleistiftenden-Radiergummis

Obgleich Bleistiftenden-Radiergummis die kleinste Radiergummivariante darstellen, eignen auch sie sich für eine Reihe von Stempelmotiven. Verwenden Sie Ihr Linolschnittwerkzeug mit eingesetztem kleinem Geißfuß zum Schnitzen von konzentrischen Kreisen, einem Kreuz, einem Stern oder einer Spirale. Schneiden Sie einfache Formen wie ein Quadrat oder Dreieck mit dem Cutter. Mit solchen Stempeln können Sie winzige Details zu Ihren Stoffentwürfen hinzufügen.

Dreieckige Aufsteck-Radiergummis sind äußerst vielseitige Druckwerkzeuge, da sie über mehrere verschiedene Formen wie die lineare Spitze, die kreisrunde Grundfläche sowie die rechteckigen und dreieckigen flachen Seitenflächen verfügen. Sowohl die rechteckigen als auch die dreieckigen Seitenflächen eignen sich zum Schnitzen mit dem Linolschnittwerkzeug. Beschränken Sie sich dabei auf einfache Motive wie Linien, Kreise oder Spiralen. Für interessante Struktureffekte legen Sie zum Drucken den Radiergummi abwechselnd mit der Oberkante nach oben und nach unten auf.

Dekorativ geformte Radiergummis: Strukturen und andere Motive schnitzen

Diese Art von Radiergummi ist die größte und wie geschaffen für detailreiche Stempel. Einfache Strukturen wie Linien, Schraffierungen, Spiralen oder Kreise kann man mit dem Linolschnittwerkzeug mit eingesetztem kleinem oder großem Geißfuß freihändig schneiden. Für ein detailliertes oder bildhaftes Design arbeitet man jedoch mit Transparentpapier. Dazu mit Bleistift den Umriss des Radiergummis auf dem Papier nachziehen und die Form innerhalb der Kontur mit einem gezeichneten (oder durchgepausten) Motiv versehen. Anschließend die Form mit dem Motiv nach unten auf den Radiergummi legen und mit dem Rücken des Kunststofflöffels über das Papier reiben, um das Motiv auf den Radiergummi zu übertragen. Schneiden Sie dann nicht die Bleistiftlinien aus dem Radiergummi heraus, sondern die dazwischenliegenden Bereiche. Sind nur die gewöhnlichen rechteckigen Radiergummis zu bekommen, können Sie sie mit dem Cutter auf andere Formen zurechtschneiden. Für ein komplexeres Stoffdesign kombinieren Sie rechteckige Strukturstempel mit anders geformten gegenständlichen Motivstempeln.

Dekorativ geformte Radiergummis lassen sich gut schneiden und mit allen möglichen Motiven versehen.

GUT ZU WISSEN

Unterziehen Sie Ihr Fundstück einer kritischen Betrachtung: Eignen sich Oberseite, Unterseite oder andere Seiten zum Drucken? Kann man es rollen? Sieht ein Teil davon besonders reizvoll aus?

Um interessante Druckmotive zu gestalten und das Drucken mit Fundstücken zu beschleunigen, fassen Sie wie abgebildet mehrere gleichartige Gegenstände mit einem Gummiband zu einem Bündel zusammen. Für Bleistifte und Korken etwa ist diese Methode ideal. Wollen Sie mit Reißzwecken Muster drucken, drücken Sie sie in mehrere Lagen Wellpappe hinein. So lässt sich die Stoffmalfarbe erheblich besser auftragen und die Verletzungsgefahr beim Drucken sinkt.

MATERIAL

- Werkzeug-Grundausstattung (siehe Seite 13)
- Kleine Gegenstände zum Drucken wie Kugelschreiber, Filzstifte, Bleistifte, Marker, Schreibhilfen, dekorativ geformte flache Radiergummis, Aufsteck-Radiergummis, Reißwecken, Korken und kleine Flaschenverschlüsse
- Selbstlöschender Trickmarker oder wasserlöslicher Markierstift
- Durchsichtiges viereckiges Patchworklineal mit Raster
- Blaues Malerkrepp

Mithilfe von alltäglichen Fundstücken aus meiner Krimskrams-Schublade wie Bleistiften, Radiergummis, Schreibhilfen und Stiftkappen habe ich hier in jeder Hinsicht vielschichtige Muster aufgebaut.

Kleine Druckwerkzeuge: Neunerblock

Ich entwerfe gern mehrschichtig bedruckte Stoffe mit sich wiederholenden visuellen Elementen. Beim Betrachten der mit meinen kleinen Fundstücken erzeugten Inventarisierungsdrucke sah ich lauter Kreise: gedruckt mit Bleistiftenden-Radiergummis, Stiftkappen, Schreibhilfenenden, Reißwecken und Flaschenkorken. Da war mir klar, dass der Kreis beim Entwerfen dieser Arbeit eine zentrale Rolle spielen würde.

Zum Präsentieren der verschiedenen Druckdesigns entschied ich mich für einen Neunerblock. Der Block selbst ist zwar traditionell, aber die optische Wirkung der überwiegend kleinen runden Muster innerhalb der Quadrate verleiht der Arbeit eine recht moderne Ausstrahlung.

Um einige der Quadrate mit einem strukturalen Element zu bedrucken, schnitt ich vertiefte und erhabene Strukturen in dekorativ geformte flache Radiergummis und Aufsteck-Radiergummis und rollte mit Farbe bedeckte Bleistifte und Schreibhilfen über den Stoff.

Ich brauchte mehrere Stunden, um dieses Stück fertigzustellen, da viele der Formen einzeln nacheinander gedruckt wurden. Wie Sie das Drucken beschleunigen können, verrät Ihnen der Hinweis-Kasten auf Seite 45. Mit solchen Fundstücken bedruckte Stoffe eignen sich für Kissen, Buch- oder Tagebuchhüllen, Täschchen, Portemonnaies und Brillenetuis.

ANLEITUNG

1. Kleben Sie den Stoff mit Kreppband auf Ihre Arbeitsplatte. Mithilfe des selbstlöschenden Trickmarkers oder wasserlöslichen Markierstifts und des Lineals den Neunerblock abmessen und auf den Stoff zeichnen. Falls Sie mehrere Drucksitzungen einplanen, empfiehlt sich der wasserlösliche Markierstift, da so die Markierungen erst verschwinden, wenn sie ausgewaschen werden (siehe A).

2. Mit opaken Stoffmalfarben einige Farbtöne anmischen oder die Farben so verwenden, wie sie aus dem Behälter kommen. Wählen Sie zwei bis drei Grundfarben aus und mischen dann von jeder Farbe unter Zugabe von etwas Weiß einige Töne an. Zum Bedrucken jeweils ein Quadrat auswählen und mit blauem Malerkrepp abkleben (siehe B).

3. Holen Sie sich Designanregungen von den Inventarisierungsdrucken mit Ihren Fundstücken und von Ihren Probestücken. Überlegen Sie sich, ob Sie nicht den Stoff mit einer Hintergrundstruktur bedrucken wollen, indem Sie ihn mit geschnitzten Radiergummis bestempeln oder einen mit Farbe versehenen Bleistift, Schreibhilfe oder Korken über das abgeklebte Quadrat rollen. Um sich das Drucken zu erleichtern, schieben Sie ein oder zwei Schreibhilfen auf einen Bleistift oder bestücken das Ende eines Korkens mit Reißzwecken. Tragen Sie auf den flachen geschnitzten Radiergummi die Farbe mit der Schaumstoffwalze auf, auf den Bleistift, die Schreibhilfen und den Korken mit dem Schaumstofftupfer.

4. Nun mit den kleinen Fundstücken Muster drucken. Ich habe dazu Schreibhilfenenden, das kreisrunde Ende eines Aufsteck-Radiergummis und geschnitzte Aufsteck-Radiergummis benutzt. Bringen Sie die Farbe mit dem Schaumstofftupfer auf. Oder drucken Sie Muster mit zu Bündeln zusammengefassten Objekten wie Bleistiften oder Korken. Fügen Sie mithilfe von (geschnitzten wie unbearbeiteten) Bleistiftenden-Radiergummis, Reißzwecken, Markerkappen usw. noch weitere Details hinzu (siehe C).

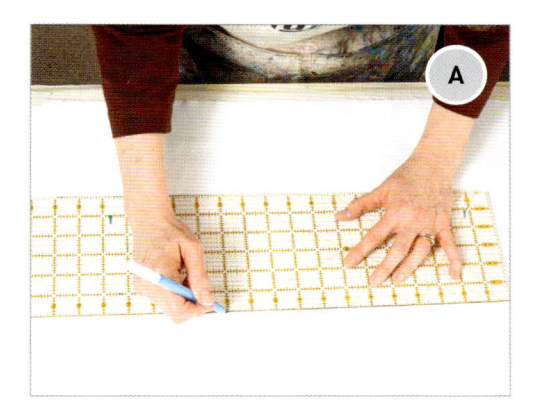

Den Neunerblock abmessen und mit dem wasserlöslichen Markierstift auf den Stoff zeichnen.

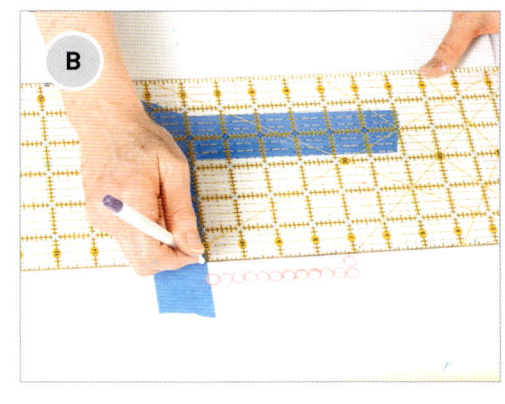

Ehe Sie ein Quadrat bedrucken, kleben Sie es jeweils mit blauem Malerkrepp ab.

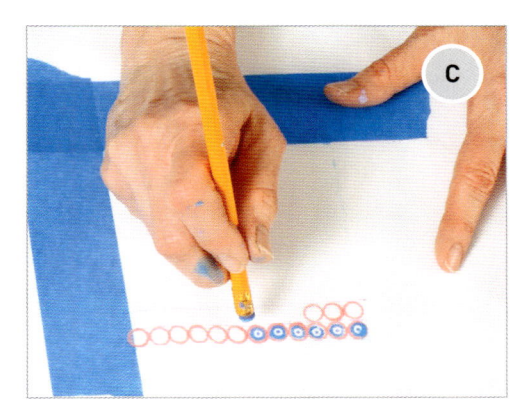

Fügen Sie Details zum Entwurf hinzu, um komplexe Muster aufzubauen.

KAPITEL 3

Jenseits des Kartoffeldrucks:
STOFFDRUCK MIT OBST UND GEMÜSE

Vor kurzem brachte mich eine gute Freundin auf die Idee, einen frischen Blick auf den Stoffdruck mit Obst und Gemüse zu werfen. Zwei Monate, nachdem ich sie besucht und das leckere Gemüse aus dem Garten ihres Mannes probiert hatte, erwähnte sie nämlich, dass sie gerade Mais frisch vom Kolben aßen. „Ich frage mich, ob man nicht auch mit Maiskolben drucken kann", sagte sie. „Vielleicht sogar ein Motiv mit sommerlichem Obst und Gemüse."

Auch ich machte mir über das Drucken mit Maiskolben Gedanken. Bei meinem nächsten Besuch in der Obst- und Gemüseabteilung betrachtete ich alles neugierig und war für alle Möglichkeiten offen. Und prompt entdeckte ich überall das Potenzial für spielerische, farbenfrohe Stoffdesigns, gestaltet mit unkonventionell verwendeten Obst- und Gemüseformen und -strukturen.

In diesem Kapitel lernen Sie, durch Direktdruck mit Gemüse strukturierte Stoffgründe zu schaffen und aus Wurzelgemüsen wie Möhren, Steckrüben und Radieschen Druckstöcke zu schnitzen. Sie schneiden Gemüsescheiben auf dekorative Formen zu, mit denen Sie anschließend drucken, und erfahren, wie man mit Blattsalat und Kräutern Naturdrucke und Schaumstoffwalzen-Frottagen kreiert. Entdecken Sie, wie Sie vorgehen müssen, um „frische" Stoffe mit Gründen und Formen zu gestalten, die direkt von Ihrem Garten oder vom Wochenmarkt inspiriert sind.

Damit ein interessantes Stoffmuster wie das auf der gegenüberliegenden Seite entsteht, bedrucken Sie Stoff mit Maiskolben, Brokkoli, Möhrenscheiben und Blattgemüse mit Strukturen und überdrucken Sie diese anschließend mithilfe von geschnitzten Radieschen.

> **MATERIAL**
> - Werkzeug-Grundausstattung (siehe Seite 13)
> - Küchenmesser
> - Schneidebrett zum Schneiden von Gemüse
> - Verschiedene strukturierte Gemüse (Brokkoli, Maiskolben, Weißkohl, Blumenkohl, Zwiebeln und Rosenkohl)
> - Maiskolbenhalter, die man an beiden Enden in den Kolben steckt, damit er sich besser über den Stoff rollen lässt (nicht zwingend, aber empfohlen)

Für die Hintergrundstruktur wurde ein Maiskolben über den Stoff gerollt. Die Mustermotive wurden anschließend mit geschnitzten Radieschen und Möhren darüber gedruckt.

Mit Gemüse Hintergrundstrukturen gestalten

Beim Entwerfen von Stoffen beginne ich gern mit einem gedruckten Hintergrundmuster aus Strukturen. Für das Drucken mit Gemüse bedeutet dies, dass ich entweder Gemüse mit offensichtlich strukturierten Teilen wie Brokkoli auswählen muss oder solche, die wie ein Kohlkopf oder Zwiebeln erst halbiert werden müssen, damit ihre die Struktur ergebenden Schichten zum Vorschein kommen. Nachfolgend finden Sie die Grundanleitung zum Auftragen von Farbe auf drei verschiedene Gemüse, Brokkoli, Weißkohl und Maiskolben, und zum Drucken von Hintergrundstrukturen mit ihnen.

ANLEITUNG

1. Kleben Sie den Stoff an den Kanten mit Kreppband auf Ihre tragbare Arbeitsplatte.

2. Bereiten Sie das Gemüse vor. Dazu den Maiskolben von den Hüllblättern befreien, säubern und an beiden Enden mit einem Maiskolbenhalter versehen. Vom Brokkoli Röschen abbrechen. Den Weißkohl mit dem Küchenmesser halbieren, damit die durch seine Schichten gebildete Struktur zum Vorschein kommt.

3. Mit opaker Stoffmalfarbe verschiedene Farbtöne anmischen oder die Farben so verwenden, wie sie aus dem Behälter kommen. Zum Anmischen eines individuellen Farbtons beginnen Sie mit der hellsten Farbe und fügen dann nach und nach dunklere Farben hinzu. Anschließend etwa ¼ Teelöffel Farbe auf eine Glaspalette geben.

4. Mit dem Schaumstofftupfer ein wenig von der Farbe aufnehmen. Haben Sie zu viel davon erwischt, tupfen Sie den Tupfer mehrmals auf die Palette auf, um überschüssige Farbe zu entfernen (siehe A).

5. Nun mit dem Tupfer die Farbe auf das Gemüse auftragen. Bei bestimmten strukturierten Gemüsen wie Maiskolben lässt sich das schneller und einfacher mit dem Schaumstoffpinsel erledigen. Dazu den Pinsel in das Gefäß mit Farbe tauchen, dann am Gefäßrand abstreifen, um überschüssige Farbe zu entfernen, und den Maiskolben mit Farbe bestreichen (siehe B).

A
Tragen Sie auf strukturierte Gemüse wie Brokkoli die Farbe mit dem Schaumstofftupfer auf.

B
Auf den Maiskolben die Farbe mit dem Schaumstoffpinsel aufbringen.

C
Den mit Farbe bedeckten Brokkoli auf den Stoff drücken, damit er die Farbe abgibt.

D
Den mit Farbe bestrichenen Maiskolben über den Stoff rollen.

6. Zum Drucken mit dem Brokkoli und dem Weißkohl legen Sie das Gemüse mit der mit Farbe bedeckten Seite auf den Stoff und drücken es darauf. Drucke von Brokkolistrukturen etwa ergeben einen tollen Hintergrund und können mit Motiv-Druckstöcken aus geschnitztem Gemüse überdruckt werden (siehe C).

7. Zum Drucken mit dem mit Farbe versehenen Maiskolben fassen Sie diesen an beiden Enden (oder an den Maiskolbenhaltern) und rollen ihn über den Stoff. Dabei werden die anfangs noch dunklen gedruckten Strukturen zunehmend heller. Den Kolben erneut mit Farbe bestreichen, um die helleren Bereiche nochmals zu bedrucken, oder ihn für noch reichere Strukturen in verschiedene Richtungen rollen (siehe D).

8. Nach Bedarf frische Farbe auftragen. Überlegen Sie sich, ob Sie Ihr Design durch verschiedenfarbige gedruckte Schichten noch interessanter gestalten wollen (siehe „Stoff marmorieren mit Kohlkopfdruck" auf Seite 53).

TIPP: Farbe mischen und verwenden

Wenn Sie einen farbigen Stoff bedrucken wollen, sollten Sie in Betracht ziehen, einen etwas helleren (durch Zugabe von Weiß) oder dunkleren (durch Zugabe von Schwarz oder Grau) Farbton als den des Stoffes anzumischen. Sie können aber auch damit experimentieren, die Farbe etwas ins Wärmere (durch Zugabe einer warmen Farbe wie Rot oder Gelb) oder ins Kältere (durch Zugabe einer kalten Farbe wie Blau) zu verändern oder ein wenig von ihrer Komplementärfarbe hinzuzufügen (z. B. Rot zu Grün). Die vorgeschlagenen Farbmischungen bewirken, dass die Gemüsedrucke noch stärker als Hintergrundstrukturen wahrgenommen werden.

Haben Sie die Strukturen auf weißen Stoff gedruckt, können Sie von Hand mit verdünnter transparenter Stoffmalfarbe eine Hintergrundfarbe darübermalen (siehe Seite 16). Wählen Sie dafür einen Farbton, der entweder gut mit dem der Strukturen harmoniert oder sie hervorhebt.

Durch sich überlappende Kohlkopfdrucke sieht der Stoff aus wie marmoriert.

Stoff marmorieren mit Kohlkopfdruck

Durch Bedrucken mit Kohlköpfen kann man das Aussehen von marmoriertem Stoff imitieren. Sie benötigen dazu:

- Fat Quarter (s. Seite 13) eines handbemalten oder kommerziell gefärbten Unistoffs
- Halbierten Weißkohl
- Opake Stoffmalfarbe in drei Farbtönen, darunter mindestens ein mit der Stofffarbe kontrastierender (siehe „Tipp: Farbe mischen und verwenden" auf Seite 51)
- Einen Schaumstofftupfer pro Farbton (also drei)

ANLEITUNG

1. Die erste Farbe zum Drucken auswählen und mit einem Schaumstofftupfer auf eine der Kohlkopfhälften auftragen.

2. Die Kohlkopfhälfte mit der mit Farbe bedeckten Seite nach unten auf den Stoff legen und darauf drücken, damit die Farbe abgegeben wird. Dann erneut etwas von der gleichen Farbe auftragen und einen zweiten Druck herstellen. Auch weiterhin vor jedem Druck frische Farbe auf den Kohl aufbringen. Ordnen Sie die Drucke so auf dem Stoffstück an, dass einige Bereiche frei bleiben.

3. Die Farbe trocknen lassen.

4. Nun eine andere Farbe auf dieselbe oder die andere Kohlkopfhälfte auftragen und drucken. Diese Drucke sollten sich mit einigen von denen in der ersten Farbe überschneiden.

5. Ist die zweite Farbe getrocknet, fahren Sie nach demselben Schema mit der dritten Farbe fort, bis Sie mit dem entstandenen Stoffmuster zufrieden sind.

MÖHREN IN DREI VARIATIONEN

Möhren können prima mit geschnitzten Motiven versehen werden, wie zum Beispiel auf diese drei Arten:

1. Mit dem Küchenmesser oder dem Cutter die Spitze der Möhre abschneiden, sodass eine glatte, flache, runde Fläche entsteht, in die dann ein kleines Motiv geschnitten wird.

2. Die Möhre längs halbieren und mit dem Linolschnittmesser ein einfaches Motiv in eine Möhrenhälfte schneiden, zum Beispiel erst lange Linien links und rechts der Möhrenmitte, dann kurze Linien quer dazu.

3. Aus einer ganzen Möhre ein walzenförmiges Stück herausschneiden, dessen Durchmesser konstant sein muss. Die Möhre schälen, um eine glatte Oberfläche zu erhalten, und Motive hineinschneiden. Dann in jedes Walzenende einen Maiskolbenhalter stecken, mit dem Schaumstofftupfer Farbe auf die Walze aufbringen und die Walze über den Stoff rollen, um die Motive darauf zu übertragen.

Möhren sind wirklich vielseitig! Sie können Motive in eine quer zu den Enden liegende runde Fläche schneiden, aber auch längs in die Schnittfläche einer Möhrenhälfte oder rings um ein walzenförmiges Möhrenstück.

Ein schlichtes, aber prägnantes Design aus einer geschnitzten Steckrübe und einem Stück Paprikaschote.

MATERIAL

- Werkzeug-Grundausstattung (siehe Seite 13)
- Ein Schaumstofftupfer pro ausgewählte Farbe
- Küchenmesser
- Schneidebrett
- Cutter (nach Wunsch)
- Linolschnittwerkzeug mit großem Geißfuß (große V-förmige Klinge) und kleinem Hohleisen (kleine U-förmige Klinge)
- Maiskolbenhalter (nicht zwingend, aber empfohlen)
- Auswahl an Gemüsen (Möhren, Radieschen, Steckrüben, Kartoffeln, Süßkartoffeln, grüne Paprikaschoten, Kürbisse, Gurken)
- Kartoffelschäler (nach Wunsch)
- Kugelschreiber, Gabeln und hölzerne Schaschlikspieße (nach Wunsch)

Druckstöcke aus Gemüse schnitzen

Bei vielen bestand ihr erstes Druckerlebnis darin, ein Motiv in eine Kartoffelhälfte zu schneiden, deren Schnittfläche auf ein Stempelkissen zu drücken oder mit Farbe zu bepinseln und dann auf ein Blatt Papier zu pressen. Solche einfachen Drucke sind eine tolle Möglichkeit zum Gestalten von Stoffmustern. Mit diesem Gedanken im Hinterkopf beschloss ich, die Obst- und Gemüseabteilung meines örtlichen Marktes genauer zu erkunden, um herauszufinden, welche Gemüse sich sonst noch zum Schnitzen von Druckstöcken anbieten.

Wie sich herausstellte, gibt es gleich eine ganze Gruppe von Gemüsen, die alle Voraussetzungen dafür erfüllt, nämlich Wurzelgemüse wie Möhren, Rettiche, Radieschen, Steckrüben, Pastinaken und Süßkartoffeln. Ich entschied mich, mit Möhren, Radieschen und Steckrüben zu experimentieren, da sie problemlos erhältlich sind und sich gut schneiden lassen. Diese Auswahl umfasst verschiedene Formen und Größen und ermöglicht eine unendliche Vielfalt an verspielten Stoffdesigns, wenn die Gemüse mit geschnitzten Motiven versehen und zum Drucken kombiniert werden.

ANLEITUNG

1. Kleben Sie den Stoff an den Kanten mit Kreppband auf Ihre tragbare Arbeitsplatte.

2. Bereiten Sie das Gemüse vor, indem Sie es mit dem Messer halbieren oder – etwa bei einer großen Steckrübe – dritteln. Achten Sie dabei darauf, dass Oberfläche und Dicke jedes Stückes so groß werden, dass Sie mit dem Küchenmesser oder mit Linolschnittmessern Motive hineinschneiden können. Die so entstandenen Stücke mit der Schnittfläche nach unten auf eine doppelte Lage Küchenpapier legen, damit die überschüssige Feuchtigkeit aufgesaugt wird (siehe A).

3. Das Linolschnittwerkzeug besteht aus einem Griff und einem Satz verschiedener Linolschnittmesser. Wählen Sie den großen Geißfuß (große V-förmige Klinge) oder das kleine Hohleisen (kleine U-förmige Klinge) und stecken Sie es in den Griff. Fassen Sie das Werkzeug in einem bequemen Winkel und drücken Sie die Klingenspitze in das Gemüse. Während Sie mit der einen Hand das Motiv schneiden, halten Sie mit der anderen das Gemüse fest. (Statt der Linolschnittmesser können Sie auch andere Werkzeuge oder Gegenstände wie Kugelschreiber, Gabeln und hölzerne Schaschlikspieße benutzen und damit Löcher oder Muster in das Gemüse drücken.) (Siehe B).

4. Mischen Sie sich mit opaker Farbe einige Farbtöne an oder verwenden Sie die Farben so, wie sie aus dem Behälter kommen. Zum Anmischen eines

Wurzelgemüse wie Radieschen halbieren, um eine ebene Fläche zum Schnitzen von Motiven zu erhalten.

Mit dem Linolschnittwerkzeug einfache Motive in die Schnittfläche schneiden.

Dasselbe geschnitzte Motiv mehrmals drucken oder für kraftvolle Muster zwei oder mehr Motive kombinieren.

individuellen Farbtons mit der hellsten Farbe beginnen und dann allmählich dunklere Farbtöne zufügen.

5. Mit einem der Schaumstofftupfer ein wenig von der Farbe aufnehmen. Haben Sie zu viel davon erwischt, tupfen Sie den Tupfer zum Entfernen der überschüssigen Farbe mehrmals auf die Palette auf.

6. Dann mit dem Schaumstofftupfer Farbe auf das Motiv des Gemüsedruckstocks auftragen.

7. Legen Sie nun den Druckstock mit dem Motiv nach unten auf den Stoff und drücken Sie ihn darauf, damit die Farbe abgegeben wird. Vor jedem weiteren Druck frische Farbe auftragen (siehe C).

GUT ZU WISSEN:
Druckproben auf einem Mustertuch

Machen Sie Druckproben auf einem Mustertuch, ehe Sie die für Ihr Projekt vorgesehenen Fat Quarters mit Ihren geschnitzten Wurzelgemüse-Druckstöcken bedrucken. Wählen Sie dazu eine Farbe aus und benutzen Sie all Ihre Druckstöcke. Auf diese Weise können Sie sehen, welche von ihnen sich eventuell für ein komplexeres Design kombinieren lassen.

Ein gedrucktes Mustertuch hilft Ihnen, alle Möglichkeiten zu erkennen, die Ihre Gemüsedruckstöcke bieten.

Stechen Sie mit Plätzchenausstechern aus Gemüsescheiben Formen aus. Damit diese noch reizvoller werden, können Sie Motive hineinschneiden.

MATERIAL

- Werkzeug-Grundausstattung (siehe Seite 13)
- Küchenmesser
- Schneidebrett
- Mehrere Plätzchenausstecher aus Metall
- Cutter (nicht zwingend, aber empfohlen)
- Auswahl an Gemüsen (Möhren, Radieschen, Steckrüben, Kartoffeln, Süßkartoffeln, grüne Paprikaschoten, Kürbisse und Gurken)

Scheiben und Würfel: Drucken mit Gemüseformen

Manche Gemüse lassen sich in dünne Stücke schneiden und diese wiederum in Formen, mit denen man drucken kann. Die so erzeugten Drucke weisen einige der Strukturmerkmale der dafür verwendeten Gemüse auf. Zum Ausschneiden von Gemüseformen eignen sich ein Cutter oder Plätzchenausstecher aus Metall.

ANLEITUNG

1. Den Stoff an den Kanten mit Kreppband auf Ihre tragbare Arbeitsplatte kleben. Dann das Gemüse vorbereiten. Schneiden Sie dazu Gemüse wie Steckrüben quer oder solche wie Zucchini längs in 15 mm dicke Scheiben. Eine Paprikaschote auseinanderschneiden. Dann mit dem Cutter oder mit Plätzchenausstechern aus Metall einfache Formen ausschneiden oder ausstechen. Die ausgeschnittenen Gemüseformen auf eine doppelte Lage Küchenpapier legen. Warten Sie mit dem Auftragen der Farbe, bis das Papier einen Teil der überschüssigen Feuchtigkeit absorbiert hat (siehe A).

2. Mischen Sie sich mit opaker Farbe einige Farbtöne an oder verwenden Sie die Farben so, wie sie aus dem Behälter kommen. Zum Anmischen eines individuellen Farbtons beginnen Sie mit der hellsten Farbe und fügen dann allmählich dunklere Farbtöne hinzu.

3. Hat das Küchenpapier die überschüssige Feuchtigkeit aufgenommen, wird die Farbe mit dem Schaumstofftupfer auf die Gemüseform aufgetragen. Dann die Form mit der Oberseite nach unten auf den Stoff legen und daraufdrücken, damit die Farbe abgegeben wird (siehe B).

FORMVOLLENDET: Drucken mit Obst

Die unverwechselbaren, markanten Formen von Obst sind für den Stoffdruck wie geschaffen. Einige Obstarten wie Zitrusfrüchte und Sternfrucht (Karambole) sind zu saftig zum Schnitzen, können jedoch zum Drucken von interessanten geometrischen Mustern quer durchgeschnitten werden. Wieder andere, wie Äpfel und Birnen (am besten unreife), kann man halbieren und schnitzen, um ihrer prägnanten Form einen skurrilen Anstrich zu geben. Auch glatte Melonenscheiben und Zitrusfruchtschalen eignen sich zum Schnitzen, während die raue Schale der Cantaloupe-Melone eine herrliche gedruckte Struktur erzeugt.

Dieses fröhliche Muster entstand mithilfe einer geschnitzten Apfelhälfte und einer Sternfrucht-Scheibe. Die Hintergrundstruktur wurde mit Cantaloupe-Schale gedruckt.

A Mit Plätzchenausstechern hübsch geformte Gemüsedruckstöcke herzustellen, ist kinderleicht und macht Spaß.

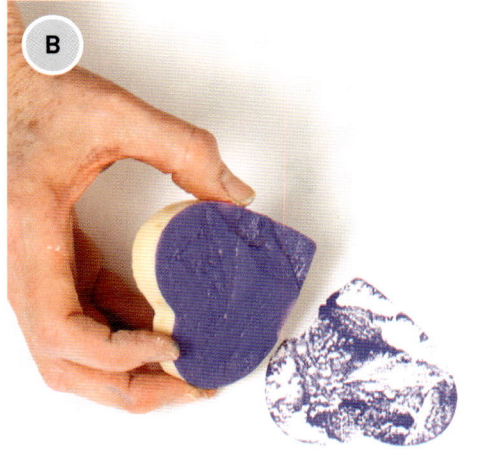

B Das mit Farbe betupfte Obst wird auf den Stoff gedrückt.

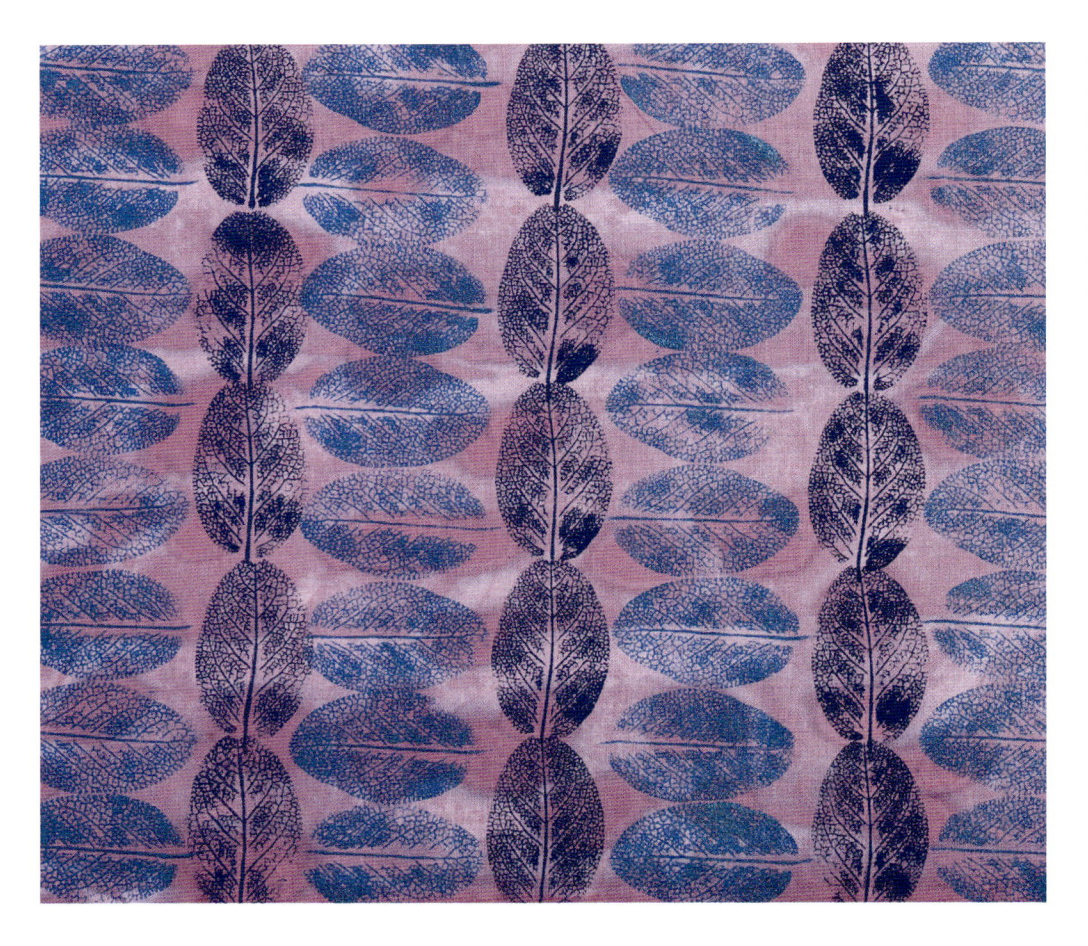

> **MATERIAL**
> - Werkzeug-Grundausstattung (siehe Seite 13)
> - Auswahl an Blattgemüsen und Kräutern (z. B. Salate, Grünkohl, Spinat, Salbei und Minze)

Um die zarten Details dieses Salbeiblatts einzufangen, trägt man die Farbe mit dem Schaumstofftupfer direkt auf das Blatt auf.

Bezaubernde Blätter

Blattgemüse und breitblättrige Kräuter bieten sich nicht nur für den Direktdruck an, sondern auch für Schaumstoffwalzen-Frottagen, für die man sie unter den Stoff schiebt.

ANLEITUNG

1. Kleben Sie den Stoff an den Kanten mit Kreppband auf Ihre tragbare Arbeitsplatte. Legen Sie nasse Blätter zwischen Küchenpapier, bevor Sie sie mit Farbe versehen, damit es die überschüssige Feuchtigkeit absorbiert.

2. Mischen Sie sich mit opaker Farbe einige Farbtöne an oder verwenden Sie die Farben so, wie sie aus dem Behälter kommen. Zum Anmischen eines individuellen Farbtons mit der hellsten Farbe beginnen und dann allmählich dunklere Farbtöne zufügen.

3. Es gibt zwei verschiedene Methoden, für den Direktdruck Farbe auf die Blätter aufzutragen. In beiden Fällen bringt man sie auf die Blattunterseite auf, also die stärker strukturierte Seite:
- Die Farbe wird mit dem Schaumstofftupfer aufgetragen, wobei man darauf achtet, die ganze Blattunterseite gleichmäßig mit Farbe zu bedecken. Verwenden Sie diese Technik für Kräuter.
- Die Farbe wird mit der Schaumstoffwalze aufgetragen. Dazu ¼ Teelöffel Farbe auf die Glaspalette geben und zum Verteilen die Walze so lange durch die Farbe hin- und herrollen, bis sie gleichmäßig damit bedeckt ist. Dann die Walze über das Blatt rollen, um es mit einer gleichmäßigen Farbschicht zu versehen.

4. Legen Sie nun das Blatt mit der mit Farbe bedeckten Seite nach unten auf den Stoff. Bedecken Sie es mit einem Blatt Küchenpapier und drücken Sie es auf den Stoff, damit die Farbe abgegeben wird. Tragen Sie für jeden weiteren Druck frische Farbe auf.

MATERIAL

- Werkzeug-Grundausstattung (siehe Seite 13)
- Auswahl an Blattgemüsen und Kräutern (z. B. Salate, Grünkohl, Spinat, Salbei und Minze)

Mit Schaumstoffwalzen-Frottagen lassen sich weiche Blattformen erzielen.

Schaumstoffwalzen-Frottagen

Für Schaumstoffwalzen-Frottagen wird die Farbe nicht direkt auf das Blatt oder Gemüse aufgebracht, sondern man legt dieses unter den Stoff und trägt dann mit der Walze eine dünne Farbschicht auf den darüberliegenden Stoff auf (siehe auch „Drei Drucktechniken" auf Seite 30 für weitere Informationen über Schaumstoffwalzen-Frottagen).

ANLEITUNG

1. Den Stoff an den Kanten mit Kreppband auf Ihre tragbare Arbeitsplatte kleben und ein oder mehrere Blätter unter den Stoff schieben.

2. Geben Sie etwa ¼ Teelöffel Farbe auf die Glaspalette und rollen Sie zum Verteilen die Walze so lange durch die Farbe hin und her, bis sie gleichmäßig mit Farbe bedeckt ist.

3. Rollen Sie nun die mit Farbe bedeckte Walze über den Stoff. Drücken Sie dabei nur so fest auf, dass die Struktur der unter dem Stoff liegenden Blätter auf den Stoff übertragen wird.

4. Verschieben Sie die Blätter wie gewünscht, ehe Sie weiterdrucken.

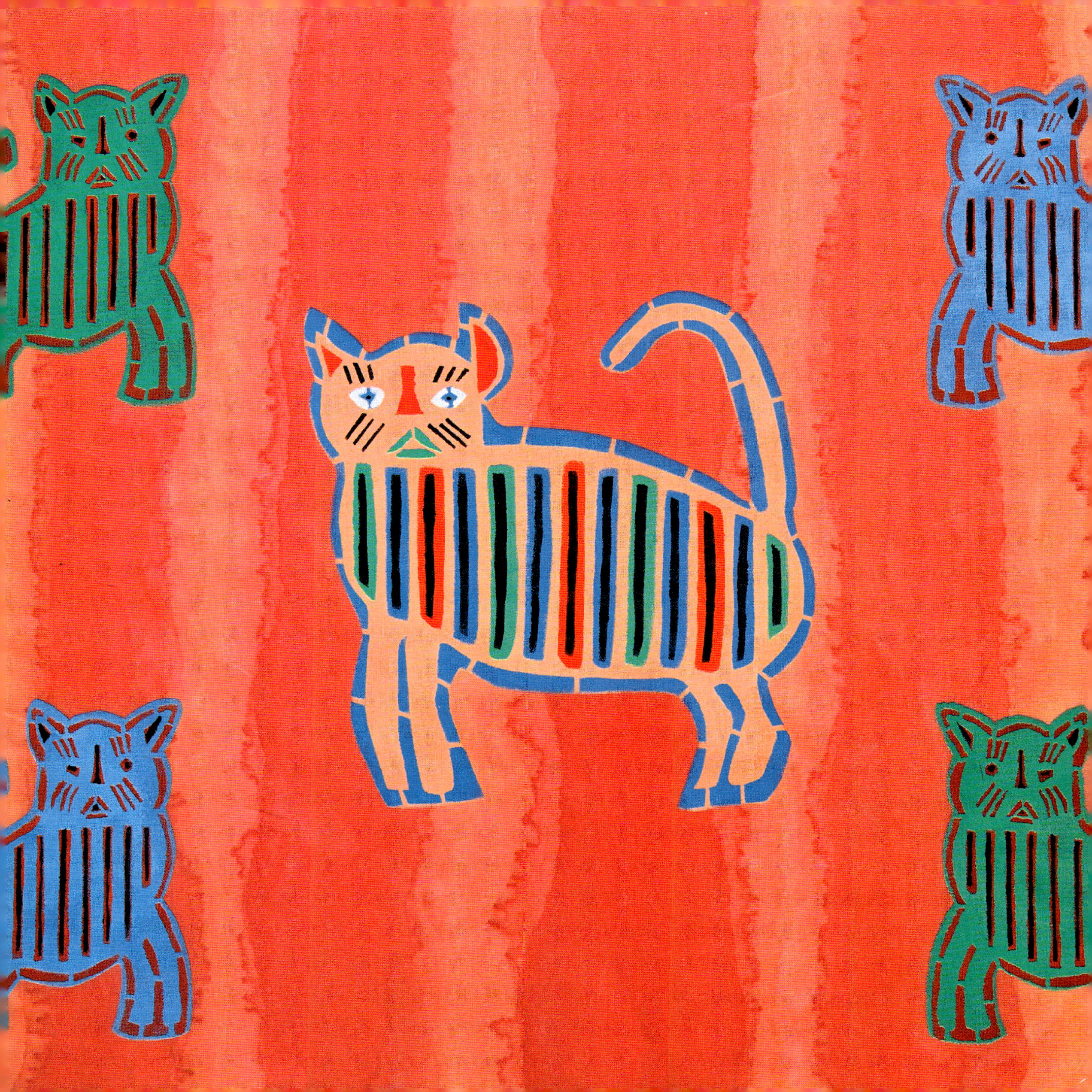

KAPITEL 4

EINGEWICKELT –
BESCHICHTETE PAPIERE UND FOLIEN

Bei der Arbeit mit neuen Materialien ist es wichtig, sich ihnen spielerisch und offen zu nähern und sich Zeit zu nehmen. Diese beiden Faktoren gehen Hand in Hand. Taktile Handlungen wie Reißen, Schneiden, Falten und Wickeln können Sie inspirieren und Ihnen Lust machen, die Möglichkeiten dieser Werkstoffe auszuloten.

Wenn ich herumexperimentiere, erinnert mich das immer an Projekte aus meiner Kindheit. So denke ich bei der Arbeit mit Wachspapier sofort daran, wie ich einmal rote und orange Ahornblätter sammelte und sie meiner Mutter gab, damit sie sie zwischen transparente Papierbögen bügelte. Ich sehe die Blätter noch heute im Fenster leuchten! Diese lebhafte Erinnerung brachte mich auf folgenden Gedanken: „Wie wäre es, wenn ich die Blätter von Kräutern und andere kleine Objekte zwischen Lagen von Wachspapier einschließen würde – ob ich dann wohl mit diesem ‚Sandwich' drucken könnte?"

In diesem Kapitel zeige ich Ihnen, wie Sie Folie zu Druckplatten, Schablonen und Abdeckmasken umfunktionieren können. Aus umwickelten Papprohrenden und Margarinebechern mit Kunststofffolie werden Druckwerkzeuge für skurrile Stoff-Monoprints mit Tupfen und Kringeln. Und Sie erfahren, wie man Alufolie prägt, um damit dekorative Ethno-Stoffe zu gestalten. Sie werden staunen, welche kreativen Möglichkeiten für Stoffdesigns es hier zu entdecken gibt!

Freezer Paper ist ein vielseitiges Papierprodukt und tolles Hilfsmittel für die Oberflächengestaltung. Reißen Sie es in organische Formen oder schneiden Sie detaillierte Schablonen wie die Katze auf der gegenüberliegenden Seite daraus zu, die von der als *Mola* bekannten Applikationstechnik inspiriert ist.

Freezer Paper: Abdeckmasken und Schablonen

Freezer Paper ist ein erstaunlich vielseitiges und leicht handzuhabendes Produkt, auf das Sie immer wieder zurückgreifen können. Der Schlüssel zu seiner Vielseitigkeit sind seine beiden Seiten: eine unbeschichtete aus Papier und eine kunststoffbeschichtete. Normalerweise wird es beim Nähen und Quilten für Applikationen verwendet. Erhitzt man die beschichtete Seite mit dem Bügeleisen, kann man es auf Stoff aufbügeln. Zum Gestalten von Stoffmustern wird Freezer Paper gerissen oder geschnitten und anschließend auf Stoff aufgebügelt, um bestimmte Bereiche abzudecken. Außerdem eignet es sich zur Herstellung von stabilen Schablonen. Versehen Sie Freezer-Paper-Abdeckmasken und -Schablonen auf unterschiedliche Art mit Farbe, um eine Reihe verschiedener Effekte von aquarellierten Hintergründen bis zu komplizierten Drucken zu erzeugen.

ABDECKMASKEN AUS FREEZER PAPER ANFERTIGEN

Hier stelle ich Ihnen drei Techniken zum Anfertigen von Abdeckmasken aus Freezer Paper vor. Jede von ihnen ermöglicht in Verbindung mit verschiedenen Methoden des Farbauftrags einzigartige Mustereffekte. Legen Sie die fertigen Abdeckmasken, bedeckt mit einem Bügeltuch, mit der beschichteten Seite nach unten auf den Stoff und bügeln Sie sie vorsichtig bei Baumwolltemperatur. Dabei wird die Kunststoffbeschichtung erhitzt und klebt am Stoff fest.

Gerissene Abdeckmasken. Reißen Sie ein Stück Freezer Paper von der Rolle ab. Reißen Sie dann vorsichtig Motive aus dem Papier. Das können amorphe Formen sein, aber auch einfache Motive wie Kreise, Spiralen, Herzen oder Streifen (siehe A).

Faltschnitt-Abdeckmasken. Erinnern Sie sich noch an selbst gebastelte Faltschnitt-Schneeflocken aus Kindertagen? Für diese Abdeckmasken verwendet man dieselbe Technik. Falten Sie das Freezer Paper mit der beschichteten Seite nach innen auf verschiedene Arten und schneiden Sie dann mit der Schere Motive heraus (siehe B).

Mit dem Cutter geschnittene Abdeckmasken. Für Abdeckmasken mit detailreichen Motiven verwendet man am besten den Cutter. Dazu mit Kreppband ein Stück Freezer Paper mit der beschichteten Seite nach unten auf die selbstheilende Schneidematte kleben. Dann die Motive, die Sie wegschneiden wollen, auf dem Papier vorzeichnen oder sie freihändig wegschneiden. Die in die Maske geschnittenen Aussparungen lassen Bereiche des Stoffes frei, auf die Farbe aufgetragen werden kann (siehe C).

MATERIAL

- Freezer Paper
- Schere
- Cutter
- Selbstheilende Schneidematte
- Durchsichtiges viereckiges Patchworklineal mit Raster
- Bleistift Härtegrad HB
- Kreppband
- Bügeleisen und Bügelbrett
- Bügeltuch (z. B. ein Stück Baumwollstoff oder Nessel)

A Reißen Sie Freezer Paper in beliebige Formen, zum Beispiel in Streifen.

B Fertigen Sie eine Abdeckmaske an, indem Sie Freezer Paper falten und dann mit der Schere Teile davon wegschneiden.

C Detailreiche Entwürfe mit dem Cutter schneiden, dann die Freezer-Paper-Abdeckmaske auf den Stoff bügeln.

GUT ZU WISSEN: Abdeckmaske versus Schablone

Was ist eigentlich der Unterschied zwischen einer Abdeckmaske und einer Schablone? Und eignet sich eine von beiden besser als die andere? Bei einer Abdeckmaske handelt es sich um ein Material, das direkt auf den Stoff aufgelegt wird, um bestimmte Bereiche vor Farbe zu schützen. Auch eine Schablone ist ein Material, das bestimmte Stoffbereiche vor Farbe schützt und andere frei lässt, damit diese mit Farbe versehen werden können. Da Abdeckmasken direkt auf den Stoff aufgeklebt werden, werden sie gewöhnlich nur einmal verwendet (wobei solche aus Freezer Paper oft auch mehrmals benutzt werden können, sofern die Kunststoffbeschichtung noch vorhanden ist). Schablonen bestehen aus steiferen Materialien, die sich vom Stoff abnehmen und zum wiederholten Drucken des gleichen Motivs an anderen Stellen von Neuem auflegen lassen.

MATERIAL

- Zwei gleich große Stücke Freezer Paper
- Papier zum Vorzeichnen des Schablonenmotivs (nach Wunsch)
- Cutter
- Selbstheilende Schneidematte
- Durchsichtiges viereckiges Patchworklineal mit Raster
- Bleistift Härtegrad HB
- Kreppband
- Bügeleisen und Bügelbrett
- Bügeltuch (z. B. ein Stück Baumwollstoff oder Nessel)

Schneiden Sie für eine stabile Schablone das Motiv aus zwei aufeinandergebügelten Stücken Freezer Paper aus.

SCHABLONEN AUS FREEZER PAPER ANFERTIGEN

Damit die Schablone stabil wird, bügelt man zwei Stücke Freezer Paper aufeinander. In diese doppelte Lage schneidet man anschließend mit dem Cutter detailreiche Motive. Beginnen Sie für das folgende Projekt jedoch mit einfachen Motiven.

ANLEITUNG

1. Kleben Sie die Zeichnung, die Sie in eine Schablone umsetzen wollen, mit Kreppband auf die Schneidematte. Dann ein Stück Freezer Paper mit der beschichteten Seite nach unten mit Kreppband über die Zeichnung kleben.

2. Nun mit dem Bleistift das gezeichnete Motiv auf das Freezer Paper durchpausen. Selbst bei einfachen Motiven kann es nötig sein, isolierte Teile der Schablone durch Stege miteinander zu verbinden, damit sie nicht auseinanderfällt. Unter Stegen versteht man kleine, oft streifenförmige Verbindungsstücke, die Lücken zwischen isolierten Schablonenteilen überbrücken. Schneiden Sie Ihr Motiv erst aus, nachdem Sie mit Bleistift die Stege eingezeichnet haben.

3. Jetzt das Freezer Paper mit dem durchgepausten Motiv so auf das zweite Stück Freezer Paper aufbügeln, dass die beschichteten Seiten aufeinanderliegen. Dabei das Freezer Paper mit dem Bügeltuch bedecken, um das Bügeleisen zu schützen. Bügeln Sie von der Mitte des Motivs nach außen, damit sich keine Falten und Luftblasen bilden.

4. Schneiden Sie nun mit dem Cutter vorsichtig das Motiv aus. Durchtrennen Sie dabei versehentlich einen Steg, basteln Sie aus einem Stückchen Kreppband einen neuen. Denken Sie daran, dass das Motiv auf dem Stoff dadurch entsteht, dass die Stoffmalfarbe durch die Schablonenaussparungen darauf aufgetragen wird.

TIPP: Starke Muster

Bücher mit dekorativen Mustern oder klaren, schlichten Motiven aus fremden Kulturen sind ergiebige Inspirationsquellen für Schablonenmotive. Am einfachsten lassen sich Entwürfe mit starken Kontrasten (am besten Schwarz und Weiß) in Schablonen umsetzen.

1 Kleben Sie mit Kreppband Freezer Paper über das gezeichnete Motiv, das Sie in eine Schablone umsetzen wollen.

2 Beim Durchpausen des Motivs mit Bleistift Stege einzeichnen. Diese kleinen Verbindungen verhindern, dass die Schablone zerfällt.

3 Das Freezer Paper mit dem durchgepausten Motiv wird auf ein zweites Stück Freezer Paper aufgebügelt. Durch diese doppelte Lage wird die Schablone stabil.

4 Nun das Motiv vorsichtig mit dem Cutter ausschneiden, ohne dabei die Stege zu durchtrennen.

> **MATERIAL**
> - Werkzeug-Grundausstattung (siehe Seite 13)
> - Weißer oder heller einfarbiger Baumwollstoff mit aufgebügelten gerissenen Freezer-Paper-Abdeckmasken

Durch Übermalen von gerissenen Freezer-Paper-Abdeckmasken entsteht der Eindruck von Aquarell-Lasuren. Arbeitet man dabei mit zwei verschiedenen Farben, vermischen sich diese dort, wo sie unter das Freezer Paper sickern, zu wunderschönen Tönen.

FARBE AUF ABDECKMASKEN UND SCHABLONEN AUS FREEZER PAPER AUFTRAGEN

Sie können Stoffmalfarbe auf Abdeckmasken und Schablonen aus Freezer Paper aufbringen, um Oberflächenmuster zu gestalten. Deren Optik reicht von Lasuren mit Aquarellfarbe bis zu weichen Pastellzeichnungen. Halten Sie Schaumstoffpinsel, Schaumstofftupfer und feste Schaumstoffwalzen griffbereit, um damit für die nachfolgend beschriebenen Techniken Farbe aufzutragen.

Aquarelleffekte

Für diese Technik des „nassen" Farbauftrags empfiehlt sich weißer oder heller farbiger Unistoff. Die besten Ergebnisse erzielt man durch Übermalen von gerissenen Freezer-Paper-Abdeckmasken. Die Farbe sickert dabei unter das Freezer Paper und erzeugt weiche Aquarelleffekte, deren Kanten die Formen der gerissenen Motive aufnehmen. Auf diese Weise bemalte Stoffe ergeben tolle Hintergründe für die meisten der in diesem Buch behandelten Techniken.

ANLEITUNG

1. Kleben Sie mit Kreppband den Stoff mit den aufgebügelten gerissenen Freezer-Paper-Abdeckmasken auf Ihre Arbeitsplatte.

2. Mischen Sie sich mit transparenter Stoffmalfarbe zwei verschiede Farbtöne an, indem Sie jeweils einen Teil Farbe mit zwei Teilen Wasser verdünnen. Verwenden Sie dazu die Farben so, wie sie aus dem Behälter kommen, oder mischen Sie sich zunächst individuelle Farben an, die Sie anschließend verdünnen. Zum Anmischen eines individuellen Farbtons mit der hellsten Farbe beginnen und nach und nach die dunklere(n) Farbe(n) hinzufügen.

3. Die Farben mit Schaumstoffpinseln auftragen.

4. Lassen Sie die Farben vollkommen durchtrocknen, ehe Sie die Abdeckmasken entfernen.

Pastelleffekte

Indem man eine feste, mit Farbe bedeckte Schaumstoffwalze über gerissene oder mit der Schere ausgeschnittene Freezer-Paper-Abdeckmasken rollt, kann man eine Optik wie von weichen Pastellzeichnungen erzeugen.

ANLEITUNG

1. Kleben Sie den Stoff mit den Freezer-Paper-Abdeckmasken mit Kreppband auf Ihre Arbeitsplatte. Verwenden Sie opake Stoffmalfarben so, wie sie aus dem Behälter kommen, oder mischen Sie sich individuelle Farbtöne damit an.

2. Geben Sie etwa ¼ Teelöffel opake Stoffmalfarbe auf die Glaspalette. Eine feste Schaumstoffwalze durch die Farbe hin- und herrollen, bis sie gleichmäßig damit bedeckt ist.

Für eine Optik wie von weichen Pastellzeichnungen rollt man eine mit Farbe bedeckte Schaumstoffwalze über gerissene oder ausgeschnittene Freezer-Paper-Formen.

3. Die mit Farbe versehene Walze über die Abdeckmasken rollen. Möglicherweise müssen Sie es in verschiedenen Richtungen und mit unterschiedlichem Druck probieren, um optimale Ergebnisse zu erzielen.

MATERIAL
- Werkzeug-Grundausstattung (siehe Seite 13)
- Baumwollstoff mit aufgebügelten gerissenen oder mit der Schere ausgeschnittenen Freezer-Paper-Abdeckmasken

4. Lassen Sie die Farbe vollkommen durchtrocknen, ehe Sie die Abdeckmasken abnehmen.

Schaumstofftupfer für Details

Mit dem Schaumstofftupfer kann man auf jede Art von Freezer-Paper-Abdeckmaske problemlos Farbe auftragen, und für komplizierte, mit dem Cutter geschnittene Entwürfe – egal, ob Abdeckmaske oder Schablone – ist dies sogar die beste Methode.

ANLEITUNG

1. Kleben Sie den Stoff mit den aufgebügelten Freezer-Paper-Abdeckmasken mit Kreppband auf Ihre Arbeitsplatte. Falls Sie eine Freezer-Paper-Schablone benutzen wollen, wird diese mit Kreppband auf den Stoff geklebt. Verwenden Sie opake Stoffmalfarben so, wie sie aus dem Behälter kommen, oder mischen Sie sich individuelle Farbtöne damit an.

2. Geben Sie etwa ¼ Teelöffel opake Stoffmalfarbe auf die Glaspalette.

Tragen Sie mit Schaumstofftupfern durch die Aussparungen von detaillierten Freezer-Paper-Schablonen Farbe auf den Stoff auf.

3. Nehmen Sie mit dem Schaumstofftupfer ein wenig von der Farbe auf. Drücken Sie den Tupfer auf die Palette, um überschüssige Farbe zu entfernen.

4. Tupfen Sie die Farbe entlang der Kanten der Abdeckmasken und auf die volle Fläche innerhalb der Abdeckmasken- oder Schablonenausspa-

MATERIAL
- Werkzeug-Grundausstattung (siehe Seite 13)
- Baumwollstoff mit aufgebügelten gerissenen, in Faltschnitt-Technik angefertigten oder mit dem Cutter geschnittenen Abdeckmasken Ihrer Wahl
- Freezer-Paper-Schablonen

rungen auf. Nach Bedarf mit dem Tupfer frische Farbe aufnehmen oder die Farbtöne nach Wunsch wechseln.

5. Die Farbe vollkommen durchtrocknen lassen, dann die Abdeckmasken entfernen. Oder Sie lassen die Masken noch auf dem Stoff, um weitere Strukturen und Entwurfsdetails hinzuzufügen. Schablonen werden anschließend wie gewünscht neu auf dem Stoff positioniert.

Mit Kunststofffolie umwickelte Plastikgefäße und Papprohre eignen sich wunderbar für abstrakte Stoffdrucke.

MATERIAL

- Werkzeug-Grundausstattung (siehe Seite 13)
- 50 x 75 cm Polsterschaumstoff, 10 mm dick
- 55 x 80 cm Nessel oder Baumwollstoff
- Diverse viereckige und runde Plastikbecher sowie Papprohre mit unterschiedlichem Durchmesser
- Kunststofffolie
- Gummibänder
- Mehrere kleine Borstenpinsel für detaillierte Motive
- Unverdünnte oder nur schwach verdünnte transparente Stoffmalfarbe (1 Teil Wasser auf 1 Teil Farbe)

Experimente mit Kunststofffolie

Wenn man im Atelier eine Entdeckung macht, ist das jedes Mal aufregend. Auf der Suche nach einem Hilfsmittel zum Drucken mit Kunststofffolie sprang mir die Lösung geradezu ins Gesicht: Auf meinem Drucktisch stapelt sich nämlich ein ganzes Sortiment von Margarine-, Joghurt- und anderen Plastikbechern, Papprohren und Gummibändern. „Kunststofffolie verwendet man doch, um Gefäße mit Lebensmitteln abzudecken", dachte ich. „Warum sollte man dann nicht diese Gegenstände mit Kunststofffolie umwickeln, die Folie mit Gummibändern befestigen und das Ganze zum Drucken benutzen können?" Es folgten Hunderte von Stunden voll spielerischer Druckversuche! Diese Drucktechnik machte mir so viel Spaß, dass ich es kaum erwarten kann, wieder damit zu experimentieren!

ANLEITUNG

1. Reißen oder schneiden Sie ein Stück Kunststofffolie ab, um die Plastikbecher oder die kreisrunden Enden der Papprohre damit zu umwickeln.

2. Die Kunststofffolie mit Gummibändern befestigen. Dabei darauf achten, dass sie glatt und straff liegt.

3. Damit Ihre Drucke schöner ausfallen, verstärken Sie nun die Polsterung Ihrer Arbeitsplatte, indem Sie den Polsterschaumstoff darauflegen. Dann den Schaumstoff mit einem Stück Nessel oder Baumwollstoff bedecken und Ihren Stoff mit Kreppband auf diese Abdeckung kleben.

4. Bemalen Sie nun die geraden, runden Flächen der mit Kunststofffolie umwickelten Gefäße und Rohre mit Motiven. Diese können die gesamte runde Fläche bedecken (das funktioniert besonders gut bei Papprohren) oder aus Strukturen und Entwurfsdetails bestehen, die nur einen Teil der Fläche einnehmen.

5. Den Druckstock auf den Stoff pressen, damit die Farbe abgegeben wird.

6. Schichten Sie Drucke und Farben übereinander, um auf diese Weise verspielte Stoffdesigns zu kreieren.

> **MATERIAL**
> - Wachspapier
> - Schere
> - Frische Kräuter mit strukturierten Blättern (z. B. Salbei oder Minze)
> - Schnur oder Bindfaden unterschiedlicher Dicke
> - Andere kleine, flache Gegenstände (z. B. Büroklammern und dünne Gummibänder)
> - Bügeleisen und Bügelbrett
> - Bügeltuch (z. B. ein Stück Baumwollstoff oder Nessel)

Stellen Sie eine Druckplatte her, indem Sie flache Haushaltsartikel wie Schnur zwischen zwei Lagen Wachspapier einschließen.

Wundersames Wachspapier

Inspiriert durch Kindheitserinnerungen an herbstliche Blätter, die zwischen aufeinandergebügeltem Wachspapier wie Juwelen leuchteten, verwendete ich dieselbe Technik, um Druckplatten aus Wachspapier herzustellen. Ordnen Sie dazu Blätter von Kräutern, kurze Schnurstücke, Büroklammern oder andere flache Gegenstände zwischen zwei Stücken Wachspapier an. Bügeln Sie das Papier, um Ihr Design dazwischen einzuschließen, und schon können Sie mit dem Drucken beginnen!

DRUCKPLATTEN AUS WACHSPAPIER ANFERTIGEN

Arrangieren Sie flache Gegenstände zwischen Stücken von Wachspapier zu Gruppen oder Mustern und bügeln Sie diese dann aufeinander. Mit solchen Druckplatten lassen sich schnell und einfach abstrakte Stoffmuster gestalten.

ANLEITUNG

1. Reißen oder schneiden Sie zwei Stücke Wachspapier von der Rolle ab.

2. Dann Gegenstände wie frische Kräuter, Schnur oder Büroklammern auf einem der Stücke anordnen.

3. Bedecken Sie diese Gegenstände mit dem zweiten Stück Wachspapier.

4. Legen Sie das Bügeltuch auf das Wachspapier und bügeln Sie das Ganze mit dem heißen Bügeleisen, sodass die Beschichtung des Papiers schmilzt und dieses die Gegenstände fest umschließt.

> **TIPP: Drücken, verschließen, drucken!**
>
> Folien, die man nur aufeinanderdrücken muss, um sie fest miteinander zu verbinden (Kalt-Laminierfolien), sind eine praktische Alternative zu Wachspapier. Einfach die Gegenstände zwischen zwei Folienstücke legen, diese dann rings um die Objekte aufeinanderpressen, um sie fest miteinander zu verbinden, und dabei entlang der Objektkonturen glatt streichen.
> Das Bügeln entfällt!

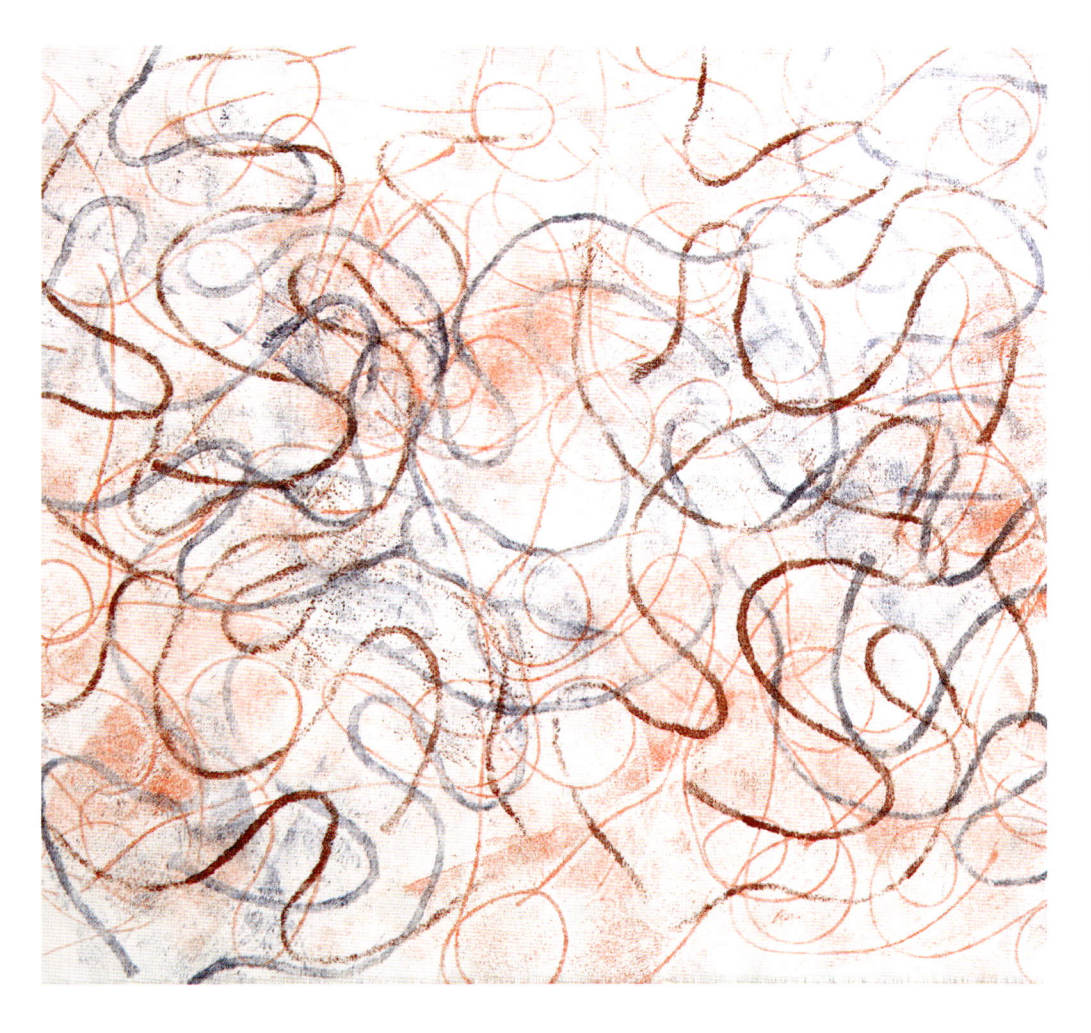

MATERIAL
- Werkzeug-Grundausstattung (siehe Seite 13)
- Unverdünnte transparente Stoffmalfarbe
- Zusätzliche feste Schaumstoffwalze

Fertigen Sie mit unterschiedlich dicken Schnurstücken mehrere Wachspapier-Druckplatten an. Durch Schichten von Drucken entsteht ein Stoff voller Dynamik und Bewegung.

DRUCKEN MIT DER WACHSPAPIER-DRUCKPLATTE

Wachspapier-Druckplatten zeichnen sich dadurch aus, dass man damit im Nu mehrere Drucke erzeugen kann. Drucken Sie für einen Stoff mit opulentem mehrschichtigem Muster mit mehreren Platten, in denen verschiedene oder auch ähnliche Gegenstände eingeschlossen sind.

ANLEITUNG

1. Kleben Sie den Stoff an den Kanten mit Kreppband auf Ihre Arbeitsplatte.

2. Verwenden Sie unverdünnte transparente Stoffmalfarbe so, wie sie aus dem Behälter kommt, oder mischen Sie sich damit individuelle Farbtöne an. Unverdünnte transparente Stoffmalfarbe trocknet auf Wachspapier langsamer als opake und ergibt meist detailgetreuere Drucke.

3. ¼ Teelöffel unverdünnte transparente Stoffmalfarbe auf die Glaspalette geben. Rollen Sie eine feste Schaumstoffwalze durch die Farbe hin und her, bis sie gleichmäßig damit bedeckt ist.

4. Rollen Sie dann die Walze über die in der Wachspapier-Druckplatte eingeschlossenen Gegenstände.

5. Nun die Druckplatte mit der mit Farbe bedeckten Seite nach unten auf den Stoff legen und eine saubere feste Schaumstoffwalze darüberrollen, damit die Farbe abgegeben wird. Heben Sie dann die Druckplatte vorsichtig vom Stoff ab.

> **MATERIAL**
> - Dicke, 45 cm breite Alufolie
> - Durchsichtiges viereckiges Patchworklineal mit Raster
> - Permanentmarker
> - Schere
> - Werkzeuge zum Prägen der Folie (z. B. Kugelschreiber, Bleistift oder die Spitze eines dünnen hölzernen Pinselstiels)
> - Transparentpapier (nach Wunsch)

Mit bemalten geprägten Alufolie-Druckplatten kann man dekorative Stoffe mit volkstümlich inspirierten Motiven gestalten.

Volkskunst:
Alufolie mit geprägten Motiven

Für meine Stoffdesigns lasse ich mich häufig von volkstümlichen Kunst- und Handwerkstraditionen inspirieren. Als ich darüber nachgrübelte, wie man mit Alufolie drucken könnte, musste ich unwillkürlich an die mexikanische Blechkunst denken, für die gebrauchtes Weißblech mit geprägten und gemalten Ethno-Motiven versehen wird. Durch das Prägen entsteht ein Kontrast zwischen erhabenen und vertieften Bereichen – also genau das, was man zum Drucken braucht!

Falten Sie dicke Alufolie und prägen Sie sie mit einem Kugelschreiber oder Bleistift oder mit der Spitze eines dünnen hölzernen Pinselstiels. Ich habe einfach mit diesen Werkzeugen auf der Folie herumgekritzelt, bis ein hübsches Blütenmotiv entstand. Tragen Sie auf Ihre fertige Alufolie-Druckplatte mit dem Pinsel oder der Walze transparente Stoffmalfarbe auf. Beide Seiten der Druckplatte eignen sich dafür, mit subtilen Unterschieden im Ergebnis. Ab und zu müssen die Motive aufgefrischt werden, indem man sie mit einem der Prägewerkzeuge nacharbeitet.

Bei dieser Gelegenheit lassen sich auch noch mehr oder andere Details hinzufügen. Sie können diese Drucktechnik prima für Vorhang- und Kissenbezugsstoffe verwenden.

EINE GEPRÄGTE ALUFOLIE-DRUCKPLATTE ANFERTIGEN

Geprägte Alufolie-Druckplatten sind einfach anzufertigen und eine tolle Möglichkeit, um einzigartige Stoffdesigns mit Ethno-Flair zu kreieren.

Falten Sie ein 45 x 45 cm großes quadratisches Stück Alufolie erst zur Hälfte und dann in Viertel.

Schneiden Sie ein 20 x 20 cm großes Quadrat aus der Folie aus.

Das Transparentpapier entfernen, sodass das Motiv sichtbar wird.

ANLEITUNG

(für eine 20 x 20 cm große quadratische Druckplatte)

1. Schneiden Sie von der Alufolie ein 45 cm langes Stück Folie ab. Falten Sie das Stück in Viertel und streichen Sie dabei die Folie nach jeder Faltung glatt.

2. Auf der Folie ein 20 x 20 cm großes Quadrat abmessen und anzeichnen, dann ausschneiden.

3. Prägen Sie das Motiv mit den vorgeschlagenen Werkzeugen frei Hand in die Folie. Alternativ das Motiv auf Transparentpapier vorzeichnen, dann das Papier mit Kreppband auf die Folie kleben und das Motiv nachziehen, um es auf die Druckplatte zu übertragen. Das Transparentpapier entfernen.

Kapitel 4: Eingewickelt | *Seite 73*

EINEN ETHNO-STOFF GESTALTEN

Gestalten Sie anhand der folgenden Anleitung ein fröhliches, von Volkskunst inspiriertes Stoffdesign. Drucken Sie dazu zunächst die Hintergrundfarben, wozu Sie die geprägte Alufolie mit verdünnter transparenter Stoffmalfarbe bestreichen. Tragen Sie dann für eine zweite Druckschicht mit der Schaumstoffwalze unverdünnte transparente Stoffmalfarbe auf die geprägten Details auf. Da beide Seiten der Druckplatte geprägt sind, kann auch mit beiden Seiten gedruckt werden. Benutzen Sie für das gesamte Projekt dieselbe Seite, damit die gemalten und gedruckten Schichten exakt aneinander ausgerichtet sind.

ANLEITUNG

1. Den Stoff an den Kanten mit Kreppband auf Ihre Arbeitsplatte kleben. Mithilfe des selbstlöschenden Trickmarkers und des Lineals zum Anordnen der Drucke auf gleicher Linie ein Raster auf den Stoff zeichnen.

2. Verwenden Sie unverdünnte oder nur schwach verdünnte transparente Stoffmalfarbe so, wie sie aus dem Behälter kommt, oder mischen Sie sich individuelle Farbtöne damit an. Arbeiten Sie mit drei Farbtönen (bei mir waren es Primärfarben). Transparente Stoffmalfarbe trocknet auf Alufolie langsamer als opake und ergibt meist detailgetreuere Drucke.

3. Die Alufolie-Druckplatte mit Stoffmalfarbe bestreichen, dazu 2,5 cm breite Schaumstoffpinsel für größere Farbflächen benutzen und kleine Borstenpinsel für Details. Arbeiten Sie zügig. Wenn Sie die Druckplatte zum ersten Mal bemalen, kann sich eventuell die Farbe auf der Folie trennen, aber je öfter Sie mit der Platte drucken, desto seltener passiert dies.

4. Nun die Druckplatte mit der mit Farbe versehenen Seite nach unten gemäß dem Raster auf dem Stoff positionieren. Mit der sauberen festen Schaumstoffwalze über die unbemalte Seite der Druckplatte rollen, damit die Farbe abgegeben wird. Beim fertigen Druck sind die Strukturen der Pinselstriche sowie Teile des geprägten Motivs zu erkennen.

5. Verwenden Sie für die zweite Druckschicht unverdünnte transparente Stoffmalfarbe so, wie sie aus dem Behälter kommt, oder mischen Sie sich individuelle Farbtöne damit an. (Ich habe denselben Farbton gewählt wie für den Hintergrund rings um die Blüte.) Etwa ¼ Teelöffel Farbe auf die Glaspalette geben. Eine feste Schaumstoffwalze durch die Farbe hin- und herrollen, bis sie gleichmäßig damit bedeckt ist. Dann die Walze über die geprägte Alufolie-Druckplatte rollen.

6. Vor dem Bedrucken den Stoff leicht mit Wasser besprühen, damit die Details der Druckplatte die Farbe besser abgeben. Die Druckplatte umgekehrt deckungsgleich mit dem ersten Druck auf den Stoff legen. Die saubere feste Schaumstoffwalze über die Rückseite der Druckplatte rollen, um die Farbe auf den Stoff zu übertragen. Die Druckplatte vorsichtig vom Stoff abheben.

MATERIAL

- Werkzeug-Grundausstattung (siehe Seite 13)
- Geprägte Alufolie-Druckplatte
- Kleine Borstenpinsel
- Unverdünnte oder nur schwach verdünnte transparente Stoffmalfarbe (1 Teil Wasser auf 1 Teil Farbe)
- Zusätzliche saubere feste Schaumstoffwalze
- Sprühflasche mit Wasser
- Durchsichtiges viereckiges Patchworklineal mit Raster
- Selbstlöschender Trickmarker

SCHAUMSTOFFWALZEN-FROTTAGEN:
Folien im Untergrund

Sowohl Druckplatten aus Alufolie, Wachspapier oder Kalt-Laminierfolie als auch Freezer-Paper-Schablonen können für Schaumstoffwalzen-Frottagen unter den Stoff geschoben werden (siehe „Drei Drucktechniken" auf Seite 30). Versehen Sie anschließend eine feste Schaumstoffwalze gleichmäßig mit unverdünnter transparenter oder opaker Stoffmalfarbe und rollen Sie sie dort über den Stoff, wo die Druckplatte oder Schablone liegt. Verschieben Sie die Platte unter dem Stoff, um für ein komplizierteres Muster Frottagen übereinanderzulegen.

Schieben Sie für Schaumstoffwalzen-Frottagen Druckplatten wie diese aus Kalt-Laminierfolie unter den Stoff.

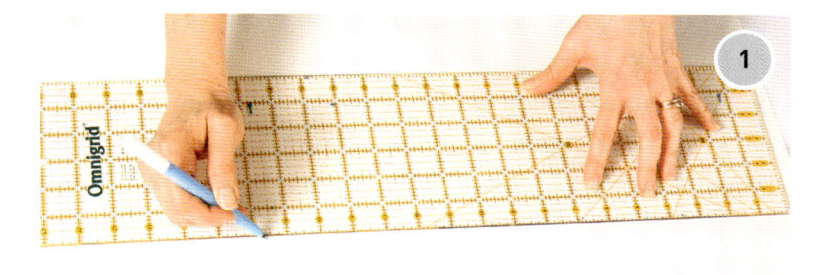

1. Kleben Sie den Stoff mit Kreppband auf Ihre gepolsterte tragbare Arbeitsplatte. Mit dem selbstlöschenden Trickmarker ein Raster auf den Stoff zeichnen.

2. Für die erste Farbschicht die transparente Stoffmalfarbe etwas verdünnen, damit Sie einen relativ strukturierten Hintergrund mit malerischem Farbauftrag gestalten können.

3. Größere Bereiche der geprägten Druckplatte mit 2,5 cm breiten Schaumstoffpinseln mit Farbe bestreichen, Details wie die Blütenmitte mit kleineren Borstenpinseln.

4. Die Alufolien-Druckplatte mit der mit Farbe versehenen Seite nach unten gemäß dem Raster auf dem Stoff ausrichten, dann eine saubere feste Schaumstoffwalze über die Rückseite rollen.

5. Um den ersten Druck mit Details zu überdrucken, trägt man mit der Schaumstoffwalze unverdünnte transparente Stoffmalfarbe auf die Druckplatte auf.

6. Den Stoff leicht mit Wasser besprühen, dann die Druckplatte deckungsgleich auf dem ersten Druck ausrichten. Eine saubere feste Schaumstoffwalze über die Rückseite der Platte rollen, damit die Farbe abgegeben wird.

KAPITEL 5

Recycelt und umfunktioniert

Während ich diese Zeilen schreibe, leuchten die Bäume in meinem Garten in prachtvollem Gelb, Rot und Orange. Diese alljährliche Verwandlung erinnert mich an die recycelten Materialien, die in diesem Kapitel zum Einsatz kommen. Ob Schachteln, Kataloge, Ansichtskarten, Briefumschläge, Papprohre, Styroporbehälter, Getränkedosen oder Aluminium-Backformen – sie alle lassen sich zu Druckstöcken und Schablonen umfunktionieren, mit denen sich eine eigene Kollektion herrlichster Stoffe herstellen lässt.

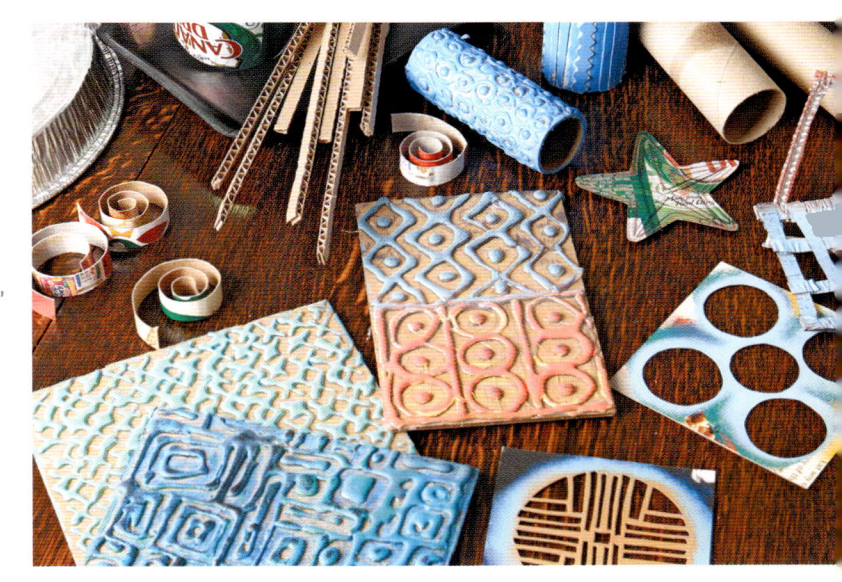

In diesem Kapitel werden recycelte Materialien eingerollt, verdreht, gewickelt, gerissen, geschnitten, eingeritzt, geprägt, geschichtet und geklebt. Außerdem entstehen aus Karton, Pappe und Papier verschiedene Struktur-Druckstöcke, sowie aus Postkarten, Müslikartons und den Cellophanumschlägen von Briefumschlägen filigrane Schablonen. Gedruckt wird ebenfalls mit Papprohren, Styroporbehältnissen und zerschnittenen Getränkedosen, die sich in dekorative Druckplatten verwandeln.

Was die Arbeit mit gebrauchten Materialien so befriedigend macht, ist die Tatsache, dass es immer reichlich Nachschub gibt. Ein Großteil flattert kostenlos per Post ins Haus oder gehört zur Verpackung unserer Nahrungsmittel. Statt auf der Müllkippe zu landen, bekommen diese Materialien ein zweites, kreatives Leben. Im Grunde praktizieren wir so etwas wie „Recycling-Alchemie", denn wir kreieren tolle Stoffe mit Müll!

Das fröhliche Muster aus stilisierten Blumen und Blättern auf der gegenüberliegenden Seite ist aus Druckstöcken aus gebrauchten Materialien entstanden, etwa dünnen Kartonschablonen und gerollten Katalogseiten.

Gedruckt mit dicken und dünnen Druckstöcken aus Pappe und Karton, zeigt das abgebildete Mustertuch die Bandbreite an Strukturen und Mustern, die mit diesen ganz gewöhnlichen gebrauchten Materialien möglich sind.

MATERIAL

- Wellpappe, in 7,5 x 10 cm große Rechtecke und 10 x 10 cm große Quadrate geschnitten
- Zusätzliche Wellpappe (zum Schneiden von Streifen und Motiven)
- Dünner Karton von Müsli- oder Nudelkartons sowie anderen Nahrungsmittelverpackungen usw.
- Bleistift
- Durchsichtiges viereckiges Patchworklineal mit Raster
- Selbstheilende Schneidematte
- Cutter und/oder kleine scharfe Schere
- Feiner Permanentmarker
- Weißleim oder Malgel
- Kunststoffgefäß
- Schaumstoffpinsel
- Tischabdeckung aus Kunststoff oder anderem Material
- Kreppband
- Doppelseitiges Klebeband
- Klebestift
- Hölzerner Schaschlikspieß
- Dekorativ geformte Objekte als Schablonen (z. B. Kunststoffdeckel, Becher, Papprohre, Klebebandrolle oder große Plätzchenausstecher) (nach Wunsch)
- Unterschiedliche Motivlocher und Dekor- und Kantenschere (nach Wunsch)

Karton und Pappe: Dick und dünn

Schauen Sie sich in Ihrer Küche um! Überall Kartons, oder? Als Verpackung für unsere Nahrungsmittel, Klarsichtfolien, Mülltüten und vieles andere mehr sind sie allgegenwärtig. Da mein Mann und ich begeisterte Online-Käufer sind, bekommen wir außerdem oft Kartons aus relativ dicker Wellpappe ins Haus geliefert. Sind sie erst einmal ausgepackt, wandern solche Kartons gewöhnlich in die Papiertonne. Wir verwandeln sie in diesem Kapitel stattdessen in Druckstöcke für wunderschöne Stoffe für Ihr Zuhause. Wie es geht, erfahren Sie hier!

ANLEITUNG
DRUCKSTÖCKE AUS KARTON ODER WELLPAPPE ANFERTIGEN

Befestigen Sie für die drei nachfolgend beschriebenen Ideen Wellpappe oder dünnen Karton auf den Wellpappe-Druckstöcken. Sofern nicht anders vermerkt, tragen Sie dazu mit dem Pinsel eine Schicht Weißleim oder Malgel auf den Druckstock auf, ordnen die verschiedenen Elemente darauf an und bringen dann nach dem Trocknen der ersten Leim- oder Gelschicht eine zweite auf, um die Elemente noch besser zu fixieren und den Druckstock zu versiegeln.

Durch gezieltes Anordnen von Streifen und anderen Formen sowie durch Einritzen von Wellpappe-Druckstöcken entsteht eine Fülle von verschiedenen Druckstockdesigns.

1. Streifen aus Karton oder Wellpappe

Schneiden Sie 5 mm breite Streifen aus Wellpappe oder 5 bis 10 mm breite Streifen aus dünnem Karton zu. Gestalten Sie damit Motive wie folgt:

- Ordnen Sie die Streifen mit der flachen Seite nach oben an.
- Ordnen Sie die Streifen auf einer Längskante liegend an (besonders wirkungsvoll bei Wellpappe).
- Rollen Sie die Streifen um einen hölzernen Schaschlikspieß zu einer engen Spirale. Das äußere Ende mit Kreppband festkleben, damit sie sich nicht entrollen.
- Rollen Sie die Streifen ein, ohne das äußere Ende festzukleben, sodass sich die Spiralen wieder etwas entrollen.
- Flechten Sie mit Streifen aus dünnem Karton. Dazu in ein flaches Stück dünnen Karton parallele oder versetzte Schlitze schneiden, die so breit sind, dass man die Streifen hindurchschieben kann, um eine Flechtarbeit zu imitieren. Dann einen Wellpappe-Druckstock vollflächig mit doppelseitigem Klebeband bekleben und die „Flechtarbeit" daraufpressen.

2. Aufeinandergeschichtete Formen aus Karton oder Wellpappe

- Schneiden Sie aus Wellpappe oder dünnem Karton Formen aus. Dazu die Formen freihändig oder mithilfe von entsprechend geformten Objekten mit dem Permanentmarker vorzeichnen und mit dem Cutter oder der scharfen Schere ausschneiden.
- Aus dünnem Karton Formen mit Dekolochern ausstanzen oder mit der Dekor- und Kantenschere ausschneiden.
- Kleben Sie mit dem Klebestift Formen aufeinander und ordnen Sie sie auf einem Wellpappe-Druckstock an.

TIPP: Karton-Kombinationen

Basteln Sie Druckstöcke, für die Sie die Wellenstruktur mit Formen aus dünnem Karton kombinieren. Ziehen Sie dazu das Papier von der Wellpappe ab, sodass die gewellte Schicht zum Vorschein kommt. Dann aus dünnem Karton Motive wie ein Blatt ausschneiden und auf die freigelegte Schicht kleben. Anschließend für Details wie Blattadern kleinere Stücke dünnen Karton auf die Motive kleben. Solche Druckstöcke ergeben Muster, die durch das Zusammenspiel von Strukturen und mehrschichtigen Motiven faszinieren (siehe die Blattmotive des Stoffes auf Seite 76).

3. Motive einritzen und abziehen

Zeichnen Sie mithilfe eines entsprechend geformten Objekts oder des Lineals Motive auf Wellpappe auf – diese sollten nicht zu filigran sein. Ritzen Sie mit dem Cutter die Pappe ein und ziehen Sie dann sorgfältig die dünne Papierschicht von Teilen des Motivs ab, sodass die Wellenstruktur freigelegt wird (siehe oben).

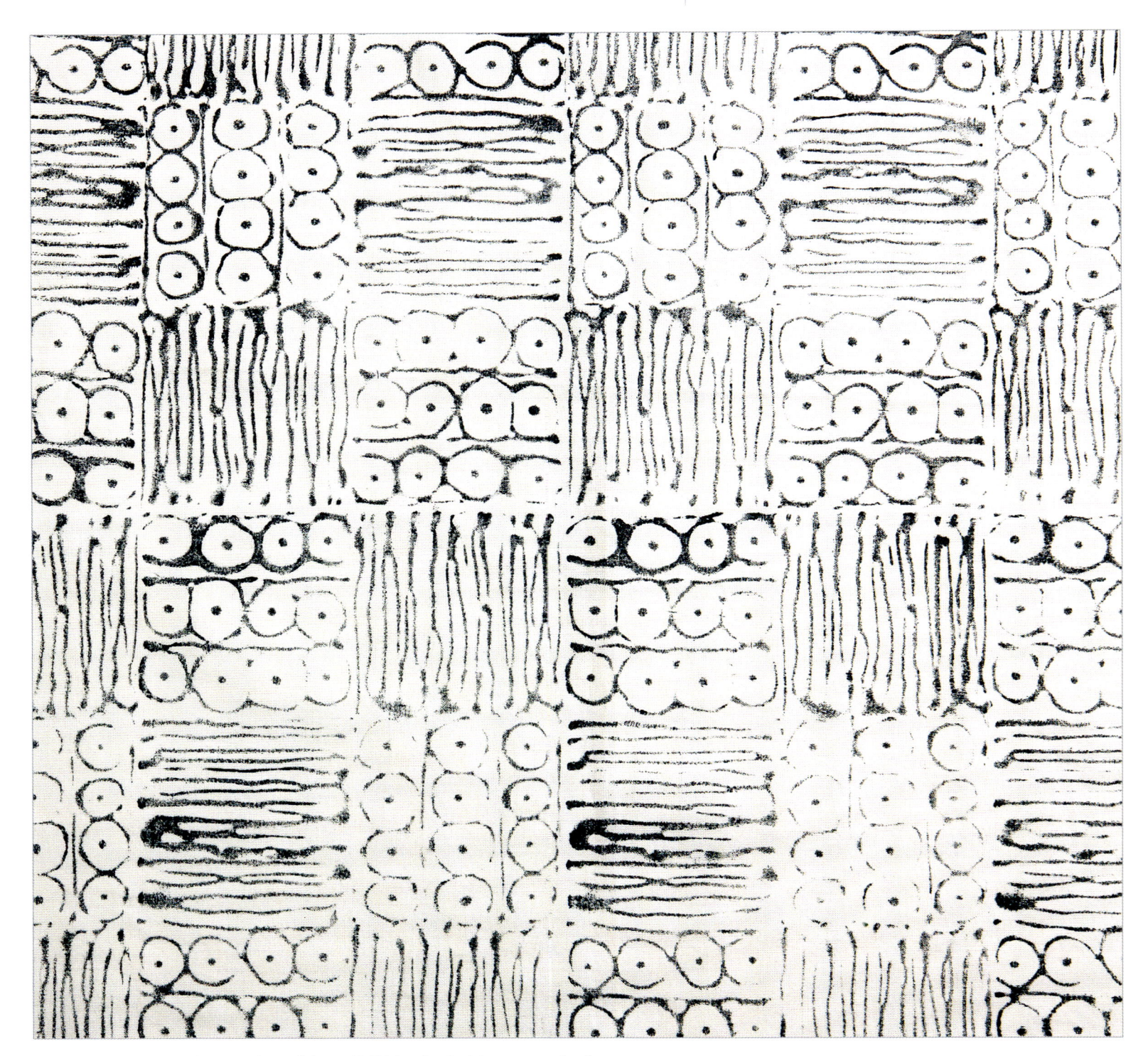

Unregelmäßige, organische Linien sind typisch für mit Heißkleber-Druckstöcken erzeugte Drucke.

MATERIAL

- Aus Wellpappe zugeschnittene rechteckige oder quadratische Druckstöcke, mit einer Schicht Weißleim oder Malgel versiegelt
- Heißklebepistole
- Heißklebesticks
- Bleistift
- Alufolie

HEISSKLEBER-DRUCKSTÖCKE ANFERTIGEN

Diese etwas ungleichmäßigen organischen Linien kann man am besten mit Heißkleber-Druckstöcken erzeugen. Zudem sind die Druckstöcke schnell gemacht. Der „Kleber" (eigentlich ein thermoplastischer Klebstoff) hat die Form von zylindrischen Sticks, die hinten in eine elektrische „Pistole" eingelegt oder eingeschoben werden, welche man zum Schmelzen der Sticks erhitzt. Der geschmolzene, verflüssigte Klebstoff tritt durch die Spitze der Heißluftpistole aus, die Abgabe wird durch Drücken des Abzugs gesteuert. Bereits nach wenigen Minuten ist der Klebstoff ausgekühlt und ausgehärtet. (Vorsicht: Geschmolzener heißer Kleber kann Verbrennungen verursachen! Achten Sie deshalb streng darauf, weder den noch nicht ausgekühlten Kleber noch die Spitze der Heißklebepistole zu berühren. Als Alternative zu Heißkleber bietet sich Tacky-Glue-Kleber an. Da Motive daraus jedoch bis zu einem Tag zum Durchtrocknen benötigen, müssen Sie entsprechend planen.)

ANLEITUNG

1. Zeichnen Sie mit dem Bleistift einfache Muster oder andere Motive auf die Wellpappe.

2. Erhitzen Sie den Heißkleber, wie in der Gebrauchsanleitung beschrieben. Dabei die Heißklebepistole auf ein Stück Alufolie legen, um etwaige Klebstofftropfen aufzufangen. Damit der Kleber austritt, auf den Abzug drücken. (Stecken Sie nach Bedarf neue Heißklebesticks in die Pistole und drücken Sie in regelmäßigen Abständen auf den Abzug, damit der Klebstoff leichter und gleichmäßiger austritt.)

Zeichnen Sie mit Bleistift einfache Muster auf den Wellpappe-Druckstock.

Drücken Sie auf den Abzug, um mit der Pistole heißen Klebstoff auf den Druckstock aufzutragen.

SCHABLONEN AUS KARTON ANFERTIGEN

In Kapitel 4 haben Sie erfahren, wie Schablonen aus Freezer Paper angefertigt werden. Weil dieses Material transparent ist, kann man dazu einfach eine Zeichnung seines Entwurfs darunterschieben und ihn durchpausen. Aber was ist, wenn man eine Schablone aus undurchsichtigen Materialien wie gebrauchten Müslikartons und Ansichtskarten herstellen will? Dann geht man vor, wie hier beschrieben.

Den Entwurf direkt auf Karton zeichnen

Zeichnen Sie Ihren Entwurf mit dem Permanentmarker direkt auf dünnen Karton. Für einfache Schablonen mit dekorativen Formen die Konturen entsprechend geformter Objekte auf Karton nachziehen und anschließend Details hinzufügen. Schneiden Sie den Entwurf mit dem Cutter aus (siehe A).

Den Entwurf zeichnen oder fotokopieren

Zeichnen Sie den Entwurf auf ein gesondertes weißes Blatt Papier oder fotokopieren Sie eine Entwurfsvorlage. Kleben Sie dann den Papierentwurf auf den Karton und schneiden Sie ihn mit dem Cutter aus (siehe B).

Den Entwurf in Faltschnitt-Technik anfertigen

Schneiden Sie ein weißes Blatt Papier auf die Größe und Form Ihrer geplanten Schablone zu. Für kreisrunde Schablonen den Umriss anhand eines entsprechend geformten Objekts vorzeichnen. Das Papier in Viertel oder Achtel oder auch diagonal falten. Dann mit dem Cutter oder der kleinen scharfen Schere Formen herausschneiden. Anschließend kleben Sie den Faltschnitt (den Entwurf) auf ein Blatt schwarzes Bastelpapier, damit Sie sehen, wie ein Druck mit der geplanten Schablone aussehen wird. Bei dieser Technik sind die Stege (siehe Seite 64) von vornherein in den Entwurf integriert. Fotokopieren Sie den aufgeklebten Faltschnitt, kleben Sie die Kopie auf den Karton und schneiden Sie die schwarzen Teile des Entwurfs mit dem Cutter heraus (siehe C).

Und so geht es ohne Kopierer: Pausen Sie Ihren Entwurf mit Bleistift auf Transparentpapier durch. Dann das Transparentpapier mit dem Entwurf nach unten auf den Karton legen und den Entwurf auf der anderen Seite des Papiers nachziehen, um ihn auf den Karton zu übertragen (siehe D).

MATERIAL

- Dünner Karton, z. B. Müslikartons (oder andere Schachteln aus vergleichbar schwerem Karton), Ansichtskarten oder Postkartenkarton
- Weißes Druckerpapier
- Schwarzes Bastelpapier
- Transparentpapier
- Cutter
- Kleine scharfe Schere (nach Wunsch)
- Klebestift
- Dekorativ geformte Objekte als Schablonen: Kunststoffdeckel, Becher, Papprohre, Klebebandrolle, große Plätzchenausstecher
- Bleistift
- Permanentmarker
- Fotokopiergerät oder Drucker

A Die Schablonenentwürfe direkt aufzeichnen oder Umrisse mit Schablonen (z.B. Plätzchenausstecher) nachziehen. Vor dem Ausschneiden Stege einzeichnen.

B Den Schablonenentwurf auf weißes Papier zeichnen oder eine Entwurfsvorlage fotokopieren. Dann den Entwurf auf dünnen Karton kleben und mit dem Cutter ausschneiden.

C Den Faltschnitt fotokopieren, die Kopie auf dünnen Karton kleben und die schwarzen Teile herausschneiden.

D Den Faltschnitt mit Bleistift durchpausen, auf dünnen Karton übertragen und ausschneiden.

Katalogseiten verfügen über ein schier unendliches Druckstock-Potenzial: Für Druckstock-Motive kann man sie zu Röhren rollen, in Streifen schneiden und diese verdrehen oder, sofern die Seiten aufeinanderfolgen, zu einem Stapel aufeinanderkleben und diesen zerschneiden.

MATERIAL

- Katalog, Zeitschrift oder Teile von Zeitungen
- In Rechtecke und Quadrate zerschnittene Wellpappe (hier: 7,5 x 10 cm große Rechtecke und 10 x 10 cm große Quadrate)
- Cutter oder Schere
- Durchsichtiges viereckiges Patchworklineal mit Raster
- Selbstheilende Schneidematte
- Weißleim oder Malgel
- Kunststoffgefäß
- Schaumstoffpinsel
- Tischabdeckung aus Kunststoff oder anderem Material
- Doppelseitiges Klebeband
- Kreppband
- Hölzerner Schaschlikspieß oder Zahnstocher zum Einrollen von Papierstreifen (nicht zwingend, aber empfohlen)

Werbepost-Jackpot

Wenn ich das metallische Klappern des Briefkastens höre, weiß ich, dass es Zeit ist, nachzusehen, welche Recyclingschätze mir die Post heute ins Haus gebracht hat. Wie heißt es doch so schön? „Des einen Müll ist des anderen Reichtum." Ich freue mich über die Kataloge, Rechnungen und Reklamekarten! Ich fühle mich, als hätte ich den Jackpot geknackt, und mache Pläne, wie ich meine „Gewinne" zu Druckstöcken und Schablonen umfunktionieren kann. Wenn ich nur daran denke, was für tolle Stoffe ich mit diesen kostenlosen Materialien gestalten werde, die mir bis an die Haustür geliefert werden, bekomme ich schon eine Gänsehaut!

KATALOGE ZERLEGEN

Hier finden Sie einige Ideen, wie Sie Kataloge in Druckstöcke verwandeln können. Das funktioniert übrigens auch mit Zeitschriften, Zeitungen und sogar Papiertüten!

ANLEITUNG

Basteln Sie Papierelemente zum Aufkleben auf Wellpappe-Druckstöcke. Sofern nicht anders vermerkt, tragen Sie dazu mit dem Pinsel eine Schicht Weißleim oder Malgel auf den Druckstock auf, ordnen die verschiedenen Elemente darauf an und bringen dann nach dem Trocknen der ersten Leim- oder Gelschicht eine zweite auf, um die Elemente noch besser zu fixieren und den Druckstock zu versiegeln.

- Schneiden Sie 5 mm breite Papierstreifen zu und reißen Sie sie in kleine Stücke. Ordnen Sie diese willkürlich auf der noch nassen Weißleim- oder Malgelschicht an.
- Schneiden Sie eine Katalogseite quer in 2,5 cm breite Streifen. Die Streifen zu engen Papierröhrchen rollen, indem Sie sie um einen hölzernen Schaschlikspieß wickeln. Kleben Sie das äußere Streifenende mit Kreppband fest, damit sich die Röhrchen nicht entrollen.
- Schneiden Sie aus einer Katalogseite ein 15 x 20 cm großes Rechteck aus und rollen Sie es von der Schmalseite her auf, entweder zu einer ganz engen Rolle mit 5 mm oder zu einer lockereren mit 10 mm Durchmesser. Kleben Sie dann das Papier entlang der ganzen Kante mit Kreppband fest, damit es sich nicht entrollen kann. Die Rolle mit dem Cutter quer in 10 mm dicke Scheiben schneiden.

KARTEN-SPIELEREIEN

Geben Sie Postkarten eine neue Funktion, indem Sie sie in detaillierte handgeschnittene Schablonen verwandeln (siehe „Schablonen aus Karton anfertigen" auf Seite 82). Oder gestalten Sie mit Dekolochern einfache, verspielte Schablonen und kleben Sie die ausgestanzten Teile für raffinierte Druckstock-Entwürfe auf Wellpappe auf (siehe „Karton und Pappe: Dick und dünn" auf Seite 78 für weitere Ideen).

Dieser mit dünnen Kartonschablonen gestaltete Stoff wirkt durch die leuchtenden Farben und sich wiederholenden Kreisformen bewegt und dynamisch.

Wie dieser Stoff beweist, eignen sich Druckstöcke aus gebrauchtem Papier sowohl für Hintergrundstrukturen als auch für hervorgehobene Motive.

> **MATERIAL**
> - Briefumschläge mit Cellophanfenster
> - Cutter oder kleine scharfe Schere
> - Selbstheilende Schneidematte
> - Feiner Permanentmarker
> - Verschiedene kleine Dekolocher
> - Kreppband

Mit drei einfachen Cellophanschablonen ist hier eine Gruppe blühender Kirschbäume entstanden.

Papier zerknüllen

Zerknüllen Sie eine Katalogseite so lange, bis das Papier geschmeidig ist, und machen Sie dann Folgendes:

- Ordnen Sie das geschmeidig gewordene Papier in interessanten Falten auf einem Wellpappe-Druckstock an. Kleben Sie überschüssiges Papier mit Kreppband auf der Rückseite des Druckstocks fest.
- Streichen Sie die zerknüllte Seite glatt und schneiden Sie sie längs in 2,5 cm breite Streifen. Verdrehen Sie die Streifen und rollen Sie sie zu engen Spiralen, deren äußeres Ende Sie mit Kreppband festkleben.

Seiten zusammenkleben

Kleben Sie zehn aufeinanderfolgende Katalogblätter zusammen, indem Sie sie jeweils mit Weißleim oder Malgel bestreichen. Ist der Klebstoff vollkommen durchgetrocknet, den Stapel in 5 mm breite Streifen schneiden. Falten Sie die Streifen oder rollen Sie sie zu Spiralen. Die Elemente wie erforderlich mit Kreppband fixieren.

EINFACH SÜSS: SCHABLONEN AUS CELLOPHANFENSTERN VON BRIEFUMSCHLÄGEN

Es gibt doch tatsächlich einen Grund, sich über Rechnungen zu freuen! Meist stecken sie nämlich in Umschlägen mit Cellophanfenstern, die man in hübsche kleine Schablonen verwandeln kann. Drucken Sie gleich mit mehreren solcher Miniatur-Schablonen, um Kinderbekleidung oder einem kleinen Wohnaccessoire eine verspielte Note zu verleihen.

ANLEITUNG

1. Schneiden Sie die Rückseite des Briefumschlags ab. Schneiden Sie die Vorderseite so zurecht, dass das Fenster von einem etwa 1,5 cm breiten Rahmen umgeben ist.

2. Zeichnen Sie mit dem Permanentmarker einfache Motive auf das Cellophan.

3. Nun das Fenster samt Rahmen mit Kreppband auf die Schneidematte kleben und die Motive herausschneiden. Passen Sie auf, dass das empfindliche Cellophan dabei nicht eingerissen wird. Oder benutzen Sie kleine Dekolocher, um Schablonen schnell und einfach anzufertigen – geeignet sind zum Beispiel Blüten-, Herzen- oder Sternmotive.

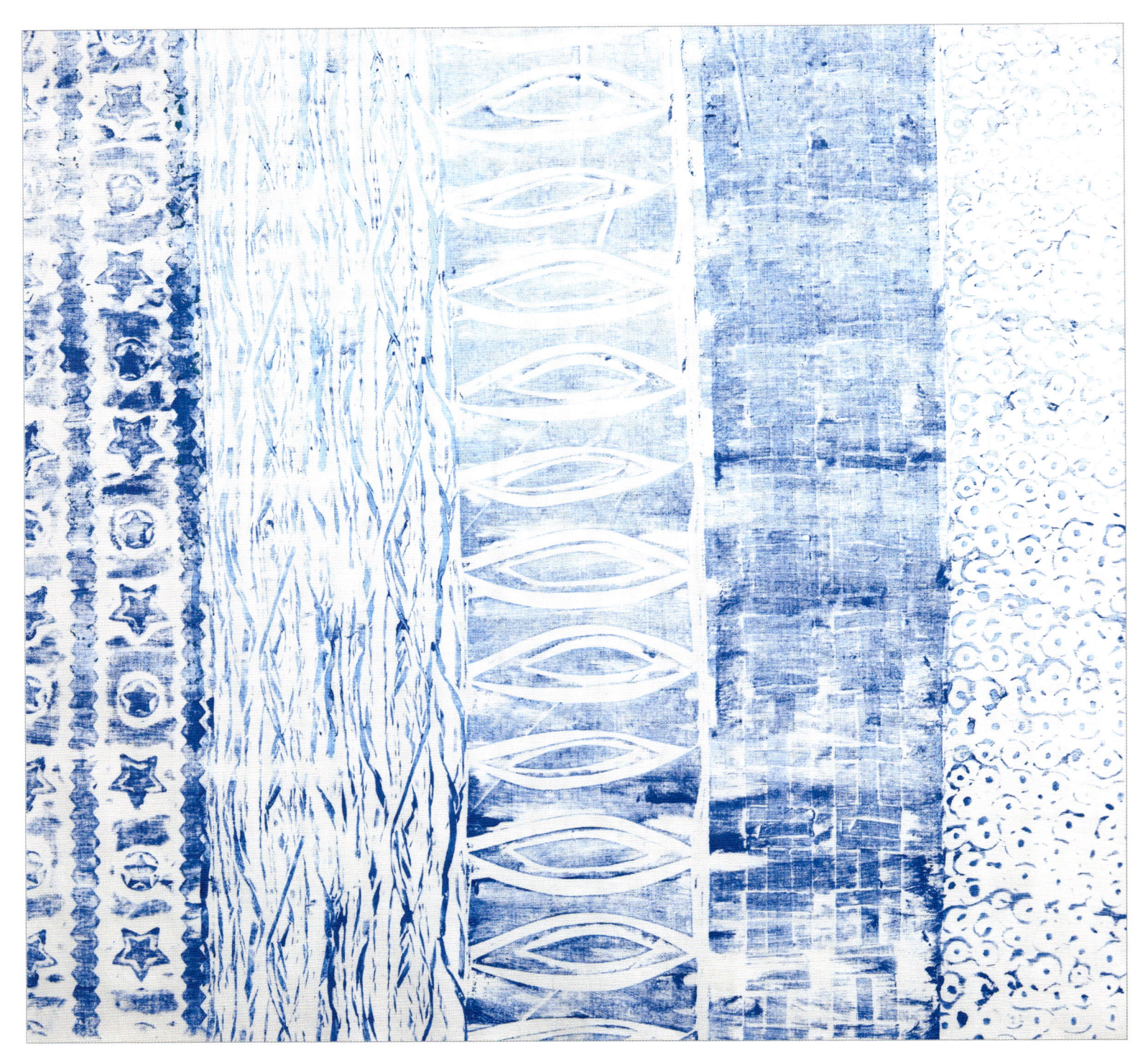

Mithilfe von gebrauchten Papprohren kann man Stoff im Nu mit sich wiederholenden Mustern bedrucken.

MATERIAL

- Eine Auswahl an unterschiedlich dicken und festen Papprohren (ich empfehle stabile Rohre wie die im Inneren von Klarsichtfolienrollen, die perfekt über feste Schaumstoffwalzen passen)
- Gummibänder
- Schnur oder Bindfaden
- Kreppband
- Cutter oder Schere
- Durchsichtiges viereckiges Patchworklineal mit Raster
- Selbstheilende Schneidematte
- Maßband
- Bleistift Härtegrad HB oder anderer Stift
- 10 cm lange feste Schaumstoffwalzen
- Weißleim oder Malgel
- Kunststoffgefäß
- Schaumstoffpinsel
- Tischabdeckung aus Kunststoff oder anderem Material
- Gebrauchte Ansichtskarten, Müslikartons oder anderer dünner Karton
- Gebrauchtes Papier
- Doppelseitiges Klebeband
- Klebestift
- Heißklebepistole mit zusätzlichen Heißklebesticks
- Unterschiedliche Motivlocher und Dekor- und Kantenschere (nach Wunsch)

Aufgerollt: Stoffdruck mit Papprohren

Gebrauchte Papprohre eignen sich hervorragend, um Stoff im Handumdrehen mit Strukturen, die sich wiederholen, oder anderen Mustern zu bedrucken. Wegen des meist geringen Umfangs der Papprohre wird dabei das anfangs noch kräftige gedruckte Design zunehmend blasser, je weiter man sie rollt. Nutzen Sie diesen Effekt als Gestaltungsmittel oder tragen Sie, ehe er sich zu stark bemerkbar macht, frische Farbe auf das Rohr (die Druckrolle) auf, um dann mit perfektem Musteranschluss weiterzudrucken. Mit Druckrollen erzeugte Strukturen ergeben eine reichere Musterung und oft auch einen geeigneten Hintergrund für Ihre Druckstöcke und Schablonen aus gebrauchten Materialien.

DIE PAPPROHRE VORBEREITEN

Zum Drucken können Sie Papprohre aller Art verwenden und auf verschiedene Weise vorbereiten.

- Gestalten Sie Druckrollen, die Sie zum Drucken über 10 cm lange feste Schaumstoffwalzen schieben. Dazu stabile Papprohre wählen, deren Innendurchmesser so groß ist, dass sie genau über die Schaumstoffwalzen passen. Messen und schneiden Sie von jedem Papprohr 9,5 cm lange Stücke ab.
- Versehen Sie intakte stabile Papprohre von mindestens 30 cm Länge mit Druckmotiven. Markieren Sie dazu für Ihr Design mittig einen Abschnitt auf dem Rohr mindestens 7,5 cm von den Enden, damit Sie das Rohr beim Drucken dort halten können.
- Ihr Druckrollen-Design hält länger, wenn Sie es mit einer dünnen Schicht Weißleim oder Malgel versiegeln. Bei Entwürfen mit Heißkleber oder um das Rohr gewickelten Gummibändern erst die Versiegelung und dann das Design aufbringen, bei Entwürfen mit Elementen aus Karton, Schnur oder Papier in umgekehrter Reihenfolge vorgehen.

Versiegeln Sie Papprohre mit Weißleim oder Malgel, damit sie haltbarer werden.

IDEEN FÜR DRUCKROLLEN-DESIGNS

- Umwickeln Sie das Papprohr mit Gummibändern.
- Bekleben Sie das Papprohr vollflächig mit doppelseitigem Klebeband und umwickeln Sie es dann mit Schnur oder Bindfaden.
- Gebrauchtes Papier zusammenknüllen, bis es geschmeidig ist, dann zusammenrollen und in sich verdreht um ein vollflächig mit doppelseitigem Klebeband beklebtes Papprohr wickeln.
- Schneiden Sie aus gebrauchten Ansichtskarten oder Müslikartons Formen aus und kleben Sie diese erst aufeinander und dann auf ein Papprohr. Zum Schneiden von Streifen eine Dekor- und Kantenschere benutzen.
- Gestalten Sie Designs mit Dekolochern. Dazu die Motive direkt in ein dünnwandiges Papprohr stanzen. Oder sie aus dünnem Karton ausstanzen und dann erst aufeinander und schließlich auf ein Papprohr kleben.
- Mit dem Cutter oder der kleinen scharfen Schere Schlitze oder andere Musterelemente in ein dünnwandiges Papprohr schneiden.
- Kreppbandstreifen abreißen oder abschneiden und übereinander auf ein Papprohr kleben.
- Tragen Sie vorsichtig Heißkleber auf ein Papprohr auf. Gestalten Sie damit einfache Muster wie Linien, Tupfen und Kreise.

Ritzen Sie mit „Werkzeugen" wie einer kleinen Gabel oder einem kleinen Schlüssel Muster in gebrauchtes Styropor. Um das Motiv, das im Fokus stehen soll, optimal hervorzuheben, drucken Sie dafür zunächst wie hier zu sehen mit einem ungemusterten Druckstock und einer mit dem Hintergrund kontrastierenden Farbe.

MATERIAL

- Behälter, Teller und/oder Fleischschalen aus dünnem Styropor, vor der Verwendung gründlich von Lebensmittelresten befreit
- Cutter oder Schere
- Durchsichtiges viereckiges Patchworklineal mit Raster
- Selbstheilende Schneidematte
- Eine Auswahl an geeigneten „Werkzeugen", um Styropor mit Mustern zu versehen (z. B. Essbesteck, Stifte, Schlüssel und Schrauben)
- Kreppband
- Becher oder andere Gefäße als Schablonen zum Anzeichnen von Konturen auf dem Styropor (nach Wunsch)
- In unterschiedlich geformte Stücke geschnittene Wellpappe als Rückseite für die Styroporstücke (nach Wunsch)
- Doppelseitiges Klebeband, um die Styroporstücke auf Wellpappe zu montieren (siehe Tipp unter GUT ZU WISSEN auf Seite 91)

Bleibende Eindrücke: Druckstöcke aus gebrauchtem Styropor anfertigen

Ich muss gestehen, dass bei der Arbeit mit gebrauchten Styroporbehältern und -schalen der Forschergeist in mir erwachte. Als ich in einer meiner Küchenschubladen ein Schächtelchen mit Krimskrams entdeckte, war ich total aufgeregt. Wie sich herausstellte, enthielt es einen wahren Schatz an „Werkzeugen" zum Einritzen und Eindrücken von Mustern: Schlüssel, Schrauben, Heft- und Büroklammern, Münzen, Nägel, Bilderhaken, Sicherheitsnadeln und Papierklammern aus Messing. Jedes einzelne von ihnen bot neue Möglichkeiten, und ich interessierte mich nur noch dafür, wie viele verschiedenartige Spuren ich damit im Styropor erzeugen konnte. Schon bald kombinierte ich Musterelemente, kreierte spontan Muster und Motive. Ich hoffe, auch Sie haben viel Spaß dabei, gebrauchtes Styropor mit Ihren eigenen einzigartigen Abdrücken zu versehen und Stoffe damit zu drucken, die ihresgleichen suchen!

ANLEITUNG

1. Zerschneiden Sie die sauberen Styroporbehälter, -schalen oder -teller für Druckstöcke in unterschiedlich geformte Stücke wie Quadrate, Kreise, schmale Streifen und organische Formen. Dazu die Umrisse mithilfe von Schablonen auf das Styropor zeichnen.

2. Probieren Sie auf einem Stück Styropor die verschiedenen Werkzeuge zum Einritzen von Mustern aus. Lassen Sie sich überraschen, was alles in ihnen steckt! Mit manchen Werkzeugen kann man gleich mehrere Arten von Spuren kreieren, etwa mit einer Gabel: Sticht man die Zinken in das Styropor, entstehen kleine Löcher, und zieht man sie unter Druck auf dem Styropor entlang, erhält man gerade oder Wellenlinien, ja selbst konzentrische Kreise.

3. Haben Sie sich mit den Möglichkeiten Ihrer Werkzeuge vertraut gemacht, stellen Sie eine Reihe interessanter Druckstöcke her, indem Sie unterschiedliche Musterelemente miteinander kombinieren. Zum Drucken von hervorgehobenen Motiven etwas ungemustertes Styropor beiseitelegen.

1

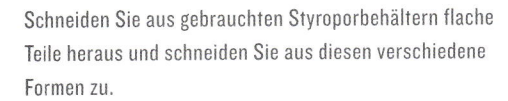

Schneiden Sie aus gebrauchten Styroporbehältern flache Teile heraus und schneiden Sie aus diesen verschiedene Formen zu.

2

Ritzen Sie mit „Werkzeugen" wie einer kleinen Gabel Muster in das Styropor.

3

Eine Auswahl an Styropor-Druckstöcken mit verschiedenen eingeritzten Motiven.

GUT ZU WISSEN: Griffige Styropor-Druckstöcke

Flache Styropor-Druckstöcke lassen sich beim Drucken nicht immer problemlos vom Stoff abheben. Mit diesen beiden Tricks geht es leichter:

1. Basteln Sie einen Griff aus Kreppband, indem Sie einen zusammengefalteten Streifen Kreppband auf die Rückseite des Styropor-Druckstocks kleben. Nach dem Drucken den Druckstock einfach am Griff fassen und abheben.

2. Montieren Sie das Styropor auf Wellpappe. Dazu die Pappe auf die Form des Styropors zuschneiden und mit Streifen von doppelseitigem Klebeband draufkleben. Weil der Druckstock dank der Pappe dicker geworden ist, lässt er sich besser vom Stoff abheben.

Mit Druckstöcken aus gebrauchtem Styropor druckt es sich leichter, wenn man sie mit einem einfachen Griff aus einem zusammengefalteten Streifen Kreppband versieht.

MATERIAL
• Saubere Getränkedosen und Backformen aus Aluminium
• Schneidewerkzeuge (z. B. Cutter, Schere oder Blechschere)
• Prägewerkzeuge (z. B. Kugelschreiber oder das Ende eines hölzernen Pinselstiels)
• Permanentmarker
• Schutzhandschuhe (nach Wunsch)
• Dekorativ geformte Objekte als Schablonen (z. B. Plätzchenausstecher oder Fundstücke) (nach Wunsch)

Akzente in Blau und Braun: Ein Schmetterlingsmotiv, auf einer zerschnittenen Getränkedose geprägt, und ein quadratisches Gittermuster, entstanden mit einer Aluminium-Schablone, fertig ist ein kunstvolles Stoffdesign.

Kunstvolles Aluminium: Dekorative Druckformen aus gebrauchten Dosen und Backformen anfertigen

Verarbeiten Sie gebrauchte Getränkedosen und Backformen aus Aluminium zu schön geformten Druckstöcken. Schneiden Sie dazu aus dem Aluminium hübsche Motive wie Herzen und Sterne oder einfache Tierformen aus und prägen Sie sie, um ihnen mehr Struktur zu geben. Tolle Anregungen für geprägte Designs liefern mexikanische Blechkunstornamente! Drucken Sie mehrere farbige Schichten übereinander, um Ihrem Stoff mehr Tiefe zu verleihen.

ANLEITUNG

1. Schneiden Sie Deckel und Boden der Getränkedose heraus. Dann den zylindrischen Teil der Dose aufschneiden, damit Sie mit einem flachen Metallstück arbeiten können. Die Seiten der Aluminium-Backform abschneiden, um mit dem flachen Boden gut hantieren zu können.

2. Beschränken Sie sich auf einfache Formen. Zeichnen Sie sie mit dem Permanentmarker freihändig auf das Aluminium auf oder nehmen Sie Schablonen zu Hilfe (Plätzchenausstecher etc.). Falten Sie für symmetrische Motive wie ein Herz oder einen Schmetterling das Dosenstück zur Hälfte. Die meisten Aluminium-Backformen weisen bereits geprägte Motive auf, die Sie für Ihre eigenen Entwürfe heranziehen können. Bei meiner Backform war es ein großer achtzackiger Stern, aus dem ich ein wundervolles Sonnenmotiv entwickelt habe (siehe Stoffmuster Seite 6).

3. Nun die Formen ausschneiden. Für ganz einfache genügt die Schere, für kompliziertere benötigen Sie den Cutter.

TIPP: Geprägte Motive akzentuieren

So werden geprägte Details markanter: Prägen Sie die Details mit einem Kugelschreiber in das Aluminium. Das Aluminium wenden, sodass die Seite mit dem erhabenen Design nach oben kommt. Die erhabenen Linien hervorheben, indem Sie beiderseits davon vertiefte Linien ziehen.

4. Prägen Sie hübsche Motive in die Aluminiumformen. Für das relativ feste Aluminium der Dose empfiehlt sich dazu ein Kugelschreiber. Unerwünschte Logos im weicheren Aluminium der Backform können Sie mit einem hölzernen Pinselstiel flach streichen.

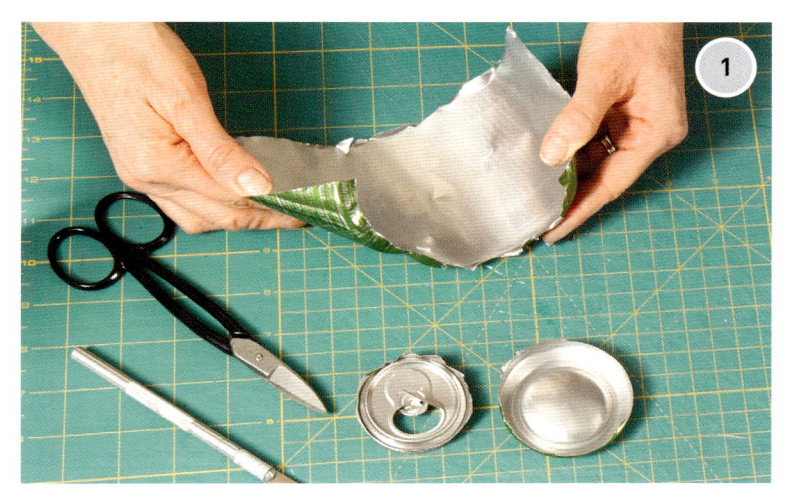

Eine Aluminium-Getränkedose vorsichtig auseinanderschneiden.

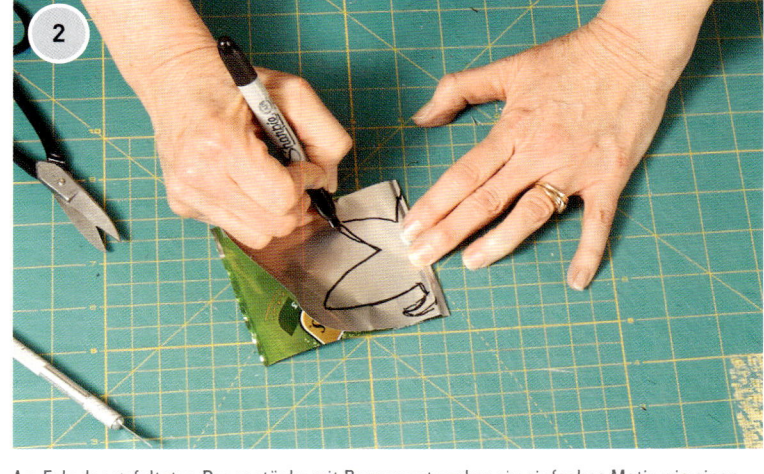

Am Falz des gefalteten Dosenstücks mit Permanentmarker ein einfaches Motiv wie einen Schmetterling aufzeichnen.

Das Motiv wird mit einer kleinen scharfen Schere ausgeschnitten.

Dann werden mit einem Kugelschreiber Details geprägt.

MATERIAL

- Werkzeug-Grundausstattung (siehe Seite 13)
- Schablonen, Druckstöcke, Druckplatten oder Druckrollen
- 50 x 75 cm Polsterschaumstoff, 10 mm dick
- 55 x 80 cm Nessel oder Baumwollstoff
- Zusätzliche feste Schaumstoffwalzen
- Zusätzliche stabile Papprohre

Beispiel für einen Direktdruck mit einem Druckstock aus gebrauchter Wellpappe.

Drucken mit gebrauchten Materialien

Nachdem Sie jetzt Schablonen, Druckstöcke, Druckplatten und Druckrollen aus gebrauchten Materialien angefertigt haben, ist es Zeit, damit zu drucken.

ANLEITUNG

1. Kleben Sie den Stoff an den Kanten mit Kreppband auf Ihre Arbeitsplatte.

2. Mischen Sie sich mit opaker Farbe einige Farbtöne an oder verwenden Sie die Farben so, wie sie aus dem Behälter kommen. Zum Drucken mit geprägten Aluminiumformen eignet sich statt der opaken auch unverdünnte transparente Stoffmalfarbe. Um einen individuellen Farbton anzumischen, beginnen Sie mit der hellsten Farbe und fügen dann allmählich dunklere Farbtöne hinzu.

DIREKTDRUCK

Für den Direktdruck mit Druckstöcken aus Wellpappe, Papier und eingeritztem Styropor sowie mit geprägtem Aluminium gehen Sie folgendermaßen vor:

1. Geben Sie ¼ Teelöffel Farbe auf die Glaspalette. Rollen Sie die feste Schaumstoffwalze so lange durch die Farbe hin und her, bis sie gleichmäßig mit Farbe bedeckt ist.

2. Mit der Walze eine gleichmäßige Farbschicht auf den Druckstock auftragen.

3. Den Druckstock mit der mit Farbe bedeckten Seite nach unten auf den Stoff legen und daraufdrücken, damit die Farbe abgegeben wird. Zum Drucken mit eher plastischen Druckstöcken schieben Sie den zusätzlichen, mit Nessel bedeckten Polsterschaumstoff unter den Stoff. Zum Drucken mit geprägten Aluminiumformen können Sie nach Wunsch auch die saubere feste Schaumstoffwalze über ihre Rückseite rollen, damit die Farbe abgegeben wird.

1

2

3

Schieben Sie ein mit einem Motiv versehenes Papprohr auf eine saubere feste Schaumstoffwalze.

Um Farbe auf das Motiv aufzutragen, die mit Farbe bedeckte Schaumstoffwalze darauf hinauf- und hinabrollen.

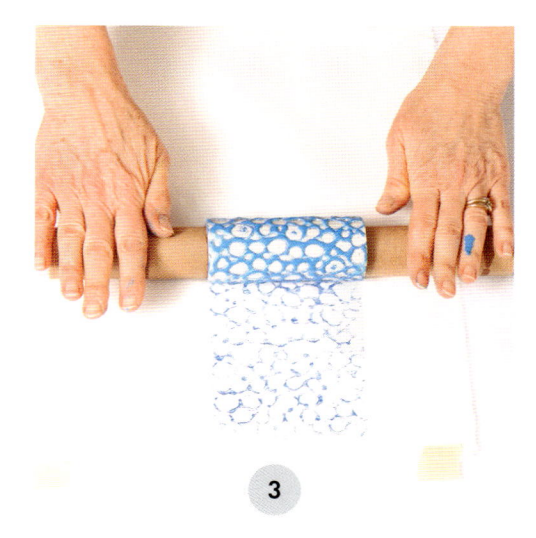

Ist der Durchmesser der Druckrolle zu groß für die Walze, ersetzt man diese durch ein passendes stabiles Papprohr.

DRUCKEN MIT PAPPROHREN

1. Ziehen Sie aus einer sauberen festen Schaumstoffwalze einen der Metallbügel heraus und schieben Sie ein stabiles, 9,5 cm langes, mit einem Motiv versehenes Papprohr (die Druckrolle) über die Walze.

2. Zum Auftragen der Farbe auf die Druckrolle die Schaumstoffwalze mit der Druckrolle im rechten Winkel zu der mit Farbe bedeckten Schaumstoffwalze halten. Dann die mit Farbe bedeckte Walze auf dem Druckrollenmotiv hinauf- und hinabrollen. Dabei dreht sich die Walze mit der Druckrolle. Mit dem Auftragen der Farbe fortfahren, bis das gesamte Motiv damit bedeckt ist. Bei Druckrollen mit größerem Durchmesser als dem der Walze oder bei langen stabilen Rollen mit mittig platziertem Entwurf dieselbe Technik anwenden, aber die Rollen beim Auftragen der Farbe von Hand weiterdrehen.

3. Rollen Sie nun die Schaumstoffwalze mit der darübergeschobenen Druckrolle über den Stoff, damit die Farbe abgegeben wird. Bei Druckrollen, deren Durchmesser so groß ist, dass sie nicht fest auf der Schaumstoffwalze sitzen, ersetzen Sie die Walze durch ein stabiles Papprohr mit passendem Durchmesser. Zum Rollen werden die Finger an den Rohrenden aufgelegt.

SCHABLONIEREN

So tragen Sie Farbe auf Karton- oder Aluminiumschablonen auf:

1. Kleben Sie die Schablone mit Kreppband auf den Stoff.

2. Nehmen Sie mit dem Schaumstofftupfer Farbe auf. Drücken Sie ihn mehrmals auf die Glaspalette, um überschüssige Farbe zu entfernen.

3. Betupfen Sie das Schablonenmotiv mit Farbe.

SCHAUMSTOFFWALZEN-FROTTAGEN

Schieben Sie flache Druckstöcke, Druckplatten oder Schablonen unter Ihren Stoff. Zum Übertragen des Motivs rollen Sie mit einer mit Farbe bedeckten festen Schaumstoffwalze über den Stoffbereich, unter dem der Druckstock liegt.

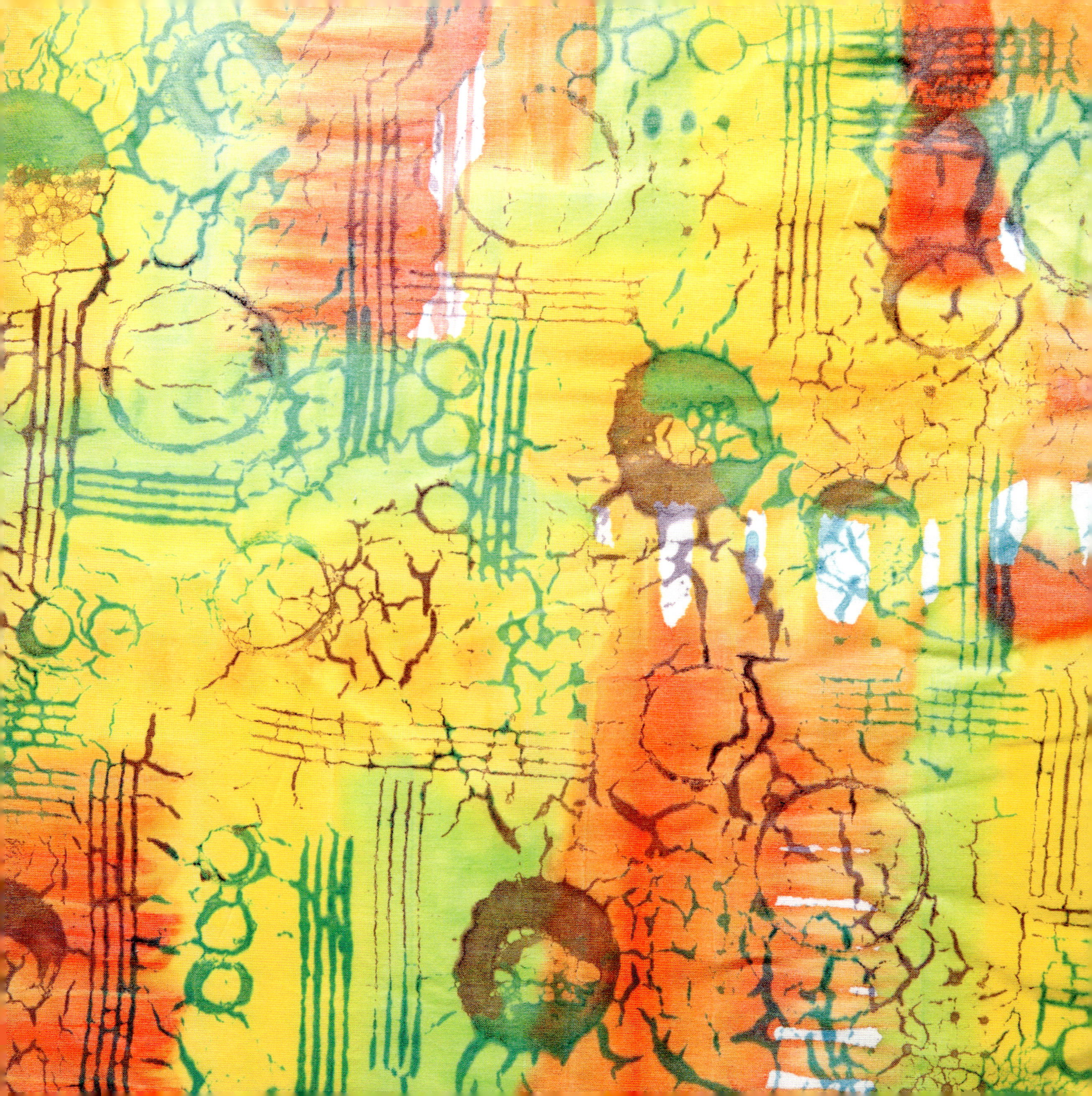

KAPITEL 6

Abgedeckt:
RESERVEMITTEL AUS KOCHZUTATEN

Unter einem Reservemittel (auch: Reservierungsmittel) versteht man ein Material, das auf Stoff aufgebracht wird, um bestimmte Bereiche vor Farbe zu schützen, während man ihn färbt, bemalt oder bedruckt. Abdeckmasken und Schablonen sind Reservemittel, die Teile des Stoffes abdecken und andere frei lassen, damit sie Farbe annehmen können. Bei anderen Reservemitteln handelt es sich um Pasten, Sirup oder Gel, die erst auf dem Stoff trocknen müssen, ehe sie die Farbe effektiv abhalten können.

Die meisten Rezepte in diesem Buch sind das Ergebnis monatelangen Experimentierens mit Küchenmaterialien. Daneben musste ich auch herausfinden, wie man verhindern kann, dass Farbe unter die Reservemittel sickert, und wie sich diese am besten auf Stoff auftragen lassen. Was mich an der Arbeit mit Reservemitteln so fasziniert, ist die Tatsache, dass jedes von ihnen eine typische Struktur erzeugt. So ergibt etwa Sirup aus gekochtem Puderzucker eine üppige, samtige Struktur, während ungekochte Weizenmehlpaste ein charakteristisches Craquelémuster bewirkt, das an Wachsbatik erinnert. Diese typischen Oberflächenstrukturen können beim Entwerfen von Stoffen berücksichtigt und ganz gezielt eingesetzt werden.

In diesem Kapitel stelle ich Ihnen Rezepte und Auftragstechniken für Reservemittel vor. Bei jeder Technik finden Sie eine Liste von empfohlenen Mitteln. Geht Ihnen die Arbeit mit den vorgeschlagenen Kombinationen von Mittel und Methode erst einmal leicht von der Hand, können Sie beginnen, mit dem Schichten von Reservemittel-Strukturen zu experimentieren. Dabei werden Sie das enorme Gestaltungspotenzial von Reservemitteln für Strukturen und Muster auf Stoff entdecken!

Bei dem Stoff auf der gegenüberliegenden Seite wurde der gemalte Hintergrund mit einer Paste aus Wasser und Weizenmehl bestrichen und diese anschließend mit einer Gabel und diversen Fundstücken „weggekratzt".

MATERIAL

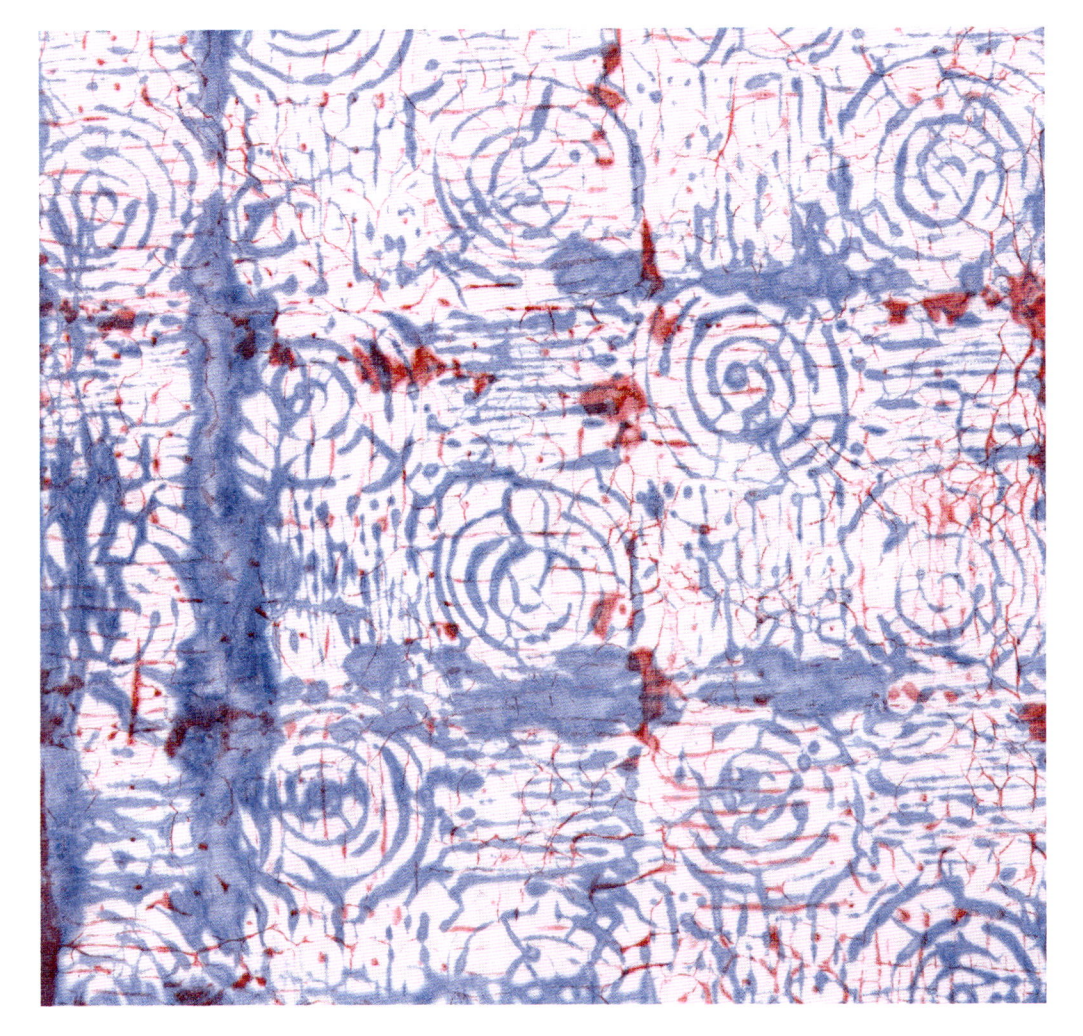

- 125 g Haushalts-Weizenmehl (Typ 405)
- 235 ml kaltes Wasser
- Große Schüssel mit 1,7 l Fassungsvermögen
- Schneebesen

Ungekochte Weizenmehlpaste ist leicht herzustellen und kann auf verschiedene Arten aufgetragen werden. Muster wie diese sind das Ergebnis von Frottagen mit dem Kunststoffspachtel, für die man Heißkleber-Druckstöcke unter den Stoff schiebt.

Reservemittel-Rezepte

Die aufgeführten Zutatenmengen ergeben jeweils genügend Reservemittel für mindestens ein Fat Quarter. Verarbeiten Sie die Mittel möglichst sofort, vor allem die auf Gelatinebasis, da diese innerhalb kurzer Zeit fest werden. Eine Ausnahme bildet Handspülmittel, das ja jederzeit frisch aus der Flasche verwendet werden kann.

UNGEKOCHTE RESERVEPASTE AUS WEIZENMEHL

Um das charakteristische Craquelémuster von Wachsbatik zu imitieren, gibt es nichts Besseres als diese simple Mischung aus weißem Weizenmehl und Wasser. Kratzen Sie Muster oder Schrift in eine dünne Schicht Paste oder probieren Sie eine Frottage mit dem Kunststoffspachtel (siehe „Auftragstechniken für Reservemittel" auf Seite 105 für weitere Auftragstechniken für diese vielseitig Paste).

ANLEITUNG

1. Gießen Sie das kalte Wasser in eine Schüssel.

2. Nach und nach das Mehl in das Wasser geben und dabei mit dem Schneebesen unterrühren.

3. Die Mischung so lange weiterrühren, bis eine glatte Paste von der Konsistenz von Eierkuchenteig entstanden ist. Falls nötig, noch Mehl oder Wasser zufügen, um diese Konsistenz zu erzielen.

MATERIAL
- 40 g Backpulver
- 350 ml Wasser
- Kochtopf mit 3 l Fassungsvermögen
- Schneebesen

Mit dem Reservemittel aus gekochtem Backpulver kann man faszinierende Muster gestalten, indem man es nach dem Trocknen zerbricht oder zum Drucken mit dem Spachtel auf den Druckstock aufträgt.

RESERVEMITTEL AUS GEKOCHTEM BACKPULVER
Es macht wirklich Spaß, gekochtes Backpulver mit seinen schäumenden „Spezialeffekten" zuzubereiten! Diese Reserveflüssigkeit ergibt ein sehr markantes Craquelémuster, dessen kurze Risse gern parallel zueinander verlaufen. Ihr ideales Einsatzgebiet ist auf Baumwollstoff, auf Seide blättert sie beim Trocknen leicht ab.

ANLEITUNG
1. Das Wasser in den Topf gießen. Das Backpulver dazugeben und mit dem Schneebesen unterrühren. Während sich das Backpulver auflöst, wird Natron freigesetzt, wodurch die Mischung zu schäumen beginnt.

2. Sobald sich keine Blasen mehr bilden, die Kochplatte auf mittlere Temperatur einstellen und weiterrühren. Nach etwa zwei Minuten beginnt die Mischung langsam zu blubbern, dabei entsteht ein Schaum wie von geschlagenem Eiweiß. Droht der Schaum im Topf überzukochen, die Temperatur herunterschalten.

3. Die Mischung noch zwei Minuten unter Rühren kochen lassen. Nehmen Sie sie dann vom Herd und stellen Sie den Topf zum Auskühlen auf einen Untersetzer. Die Mischung sollte die Konsistenz von dickflüssiger Milch haben. Ist das Reservemittel so weit abgekühlt, dass Sie gefahrlos damit hantieren können, können Sie es verwenden.

RESERVEMITTEL AUS GELATINE
Nach ausführlichem Herumexperimentieren mit unterschiedlichen Mischungsverhältnissen und Temperaturen des in die Gelatine eingerührten Wassers entwickelte ich schließlich die beiden nachfolgenden Rezepte. Gelatine wird schnell fest, sodass es bei diesen Rezepten auf genaues Timing ankommt. Jedes von ihnen eignet sich primär für bestimmte Auftragstechniken. Bei Rezept 1 beginnt die Flüssigkeit fast sofort nach dem Einrühren des Wassers zu gelieren. Verteilen Sie sie mit dem Spachtel auf Ihrem Stoff oder tragen Sie sie mit dem Borstenpinsel auf, ehe sie komplett fest wird und sich kaum noch verarbeiten lässt. Rezept 2 enthält mehr Wasser und die Flüssigkeit geliert etwas langsamer. Einige Techniken wie das Aufträufeln mit dem Löffel oder der Naturdruck müssen ausgeführt werden, solange die Gelatine noch flüssig ist. Bei anderen wie dem Schablonieren oder dem Drucken mit dem Kunststoffspachtel darf sie bereits fest werden.

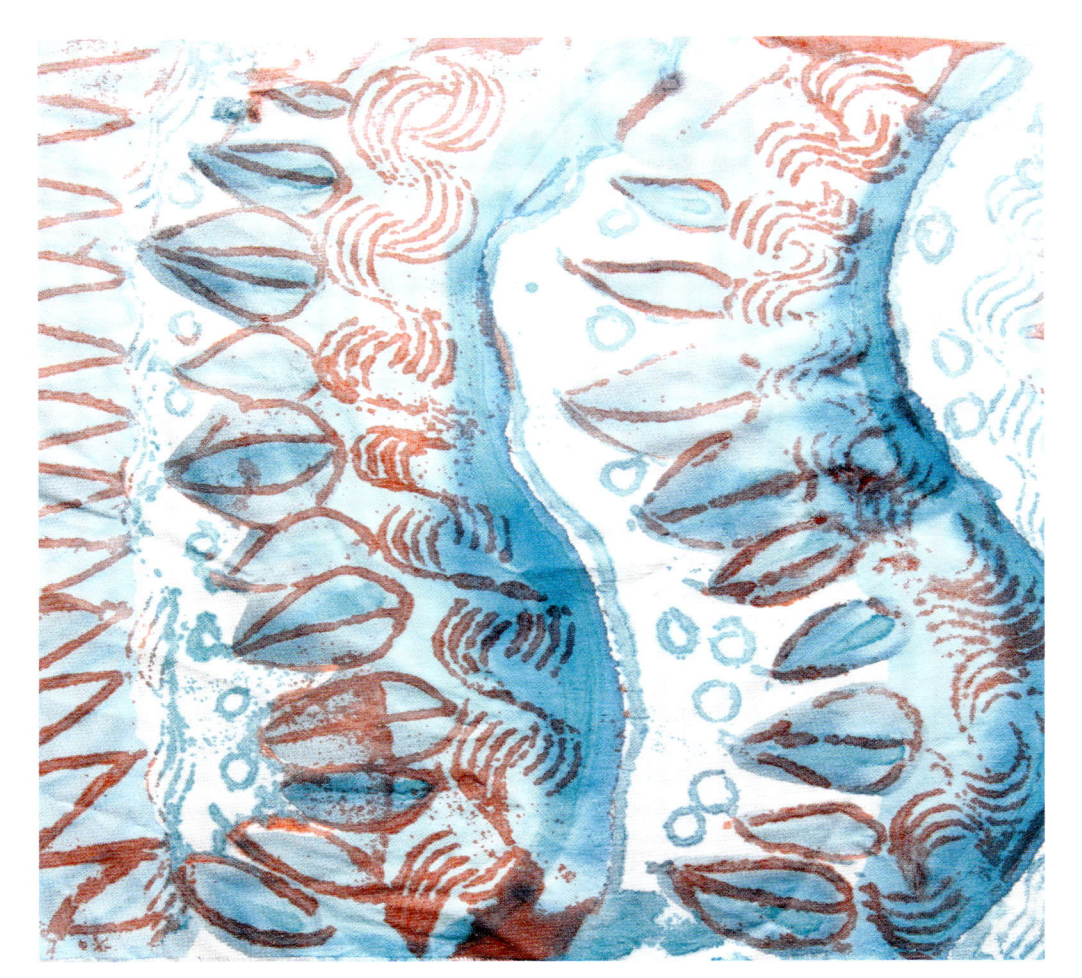

MATERIAL
- 30 g Sofortgelatine (eine Schachtel mit 2 Tüten zu 15 g)
- 235 ml kaltes Wasser
- Große Schüssel
- Schneebesen

Kratzen Sie Muster in eine mit dem Kunststoffspachtel auf den Stoff aufgebrachte Gelatineschicht und übermalen Sie diese. Nach dem Entfernen der Schicht ist auf dem Stoff die für die Gelatinereserve typische körnige Pünktchenstruktur erkennbar.

Rezept 1

Ein charakteristisches Merkmal dieses Reservemittels sind die durch Übermalen der Abdeckschicht entstehenden körnigen Pünktchen, die für eine reichere Struktur des Designs sorgen.

ANLEITUNG

1. Schütten Sie das Gelatinepulver in die Schüssel.

2. Gießen Sie das Wasser in die Schüssel und rühren Sie die Mischung mit dem Schneebesen, bis die Gelatine komplett aufgelöst ist.

3. Die Mischung auftragen, sobald sie zu gelieren beginnt.

> **MATERIAL**
> - 30 g Sofortgelatine (eine Schachtel mit 2 Tüten zu 15 g)
> - 235 ml kaltes Wasser
> - 120 ml kochendes oder sehr heißes Wasser
> - Große Schüssel
> - Schneebesen

Träufeln Sie dieses Gelatine-Reservemittel mit dem Löffel auf, und Sie werden durch zauberhafte Formen belohnt, deren Ränder von zarten körnigen Schatten gesäumt sind.

Rezept 2
Achten Sie nach dem Bemalen auf die zarten körnigen Schatten an den Rändern, die dieses Reservemittel hinterlässt. Wird es wie beim Aufträufeln mit dem Löffel oder beim Drucken mit Blättern in flüssigem Zustand verwendet, tritt dieser Effekt am deutlichsten hervor.

ANLEITUNG

1. Schütten Sie das Gelatinepulver in die Schüssel.

2. Gießen Sie das kalte Wasser in die Schüssel und rühren Sie die Mischung mit dem Schneebesen, bis die Gelatine vollkommen aufgelöst ist.

3. Gießen Sie nun das kochende oder sehr heiße Wasser dazu und rühren Sie es mit dem Schneebesen unter.

MATERIAL

- 120 g Puderzucker
- 120 ml Wasser
- Große mikrowellenfeste Schüssel
- Schneebesen
- Ofenhandschuhe
- Klarsichtfolie
- Mikrowellengerät

Bestreichen Sie den Stoff mit dem Pinsel mit Puderzuckersirup, lassen Sie diesen trocknen und übermalen Sie ihn mit Farbe. Tragen Sie dann in Monoprint-Technik (siehe Seite 108) eine zweite Reservemittelschicht auf. Der fertige Stoff hat samtig-weiche Musterelemente.

RESERVESIRUP AUS GEKOCHTEM PUDERZUCKER

Mischt man Puderzucker mit Wasser und kocht das Ganze im Mikrowellengerät, erhält man einen dünnen Sirup, ein wunderbares Reservemittel, das durch die samtig-weiche Optik der entstandenen Musterelemente überzeugt.

ANLEITUNG

1. Gießen Sie das Wasser in eine mikrowellenfeste Schüssel.

2. Den Puderzucker zugeben und die Mischung mit dem Schneebesen umrühren, damit sich der Zucker auflöst.

3. Nun die Schüssel mit Klarsichtfolie abdecken und die Mischung auf höchster Stufe fünf Minuten im Mikrowellengerät kochen.

4. Die Schüssel mit dem blubbernden, heißen Sirup aus dem Mikrowellengerät nehmen, dabei Ofenhandschuhe tragen. Nehmen Sie dann ganz vorsichtig die Klarsichtfolie ab. Den Sirup so lange abkühlen lassen, bis Sie gefahrlos damit hantieren können. Wollen Sie größere oder kleinere Sirupmengen kochen, müssen Sie die Zeiteinstellung des Mikrowellengeräts entsprechend anpassen. Die fertige Flüssigkeit sollte die Konsistenz von dünnem Sirup haben.

Verwenden Sie Handspülmittel für Schaumstoffwalzen-Frottagen mit flachen strukturierten Materialien oder tragen Sie es für den Direktdruck mit dem Pinsel auf Blätter oder mit dem Kunststoffspachtel auf eine geschnitzte Steckrübe auf.

RESERVEMITTEL AUS HANDSPÜLMITTEL

Was könnte es Besseres geben als ein Reservemittel, das frisch aus der Flasche auf den Stoff aufgebracht wird, dort schnell trocknet und sich problemlos wieder auswaschen lässt? Handspülmittel erfüllt all diese Bedingungen und mehr und ist deshalb zum Abdecken außerordentlich beliebt.

Sie können Muster mithilfe einer Kunststoff-Spritzflasche direkt auf Stoff oder für Monoprints auf Glas zeichnen oder Schaumstoffwalzen-Frottagen auf Stoff kreieren. Mit Handspülmittel geschaffene Entwürfe zeichnen sich durch schärfere Kanten aus als solche, die mit Puderzuckersirup gestaltet wurden.

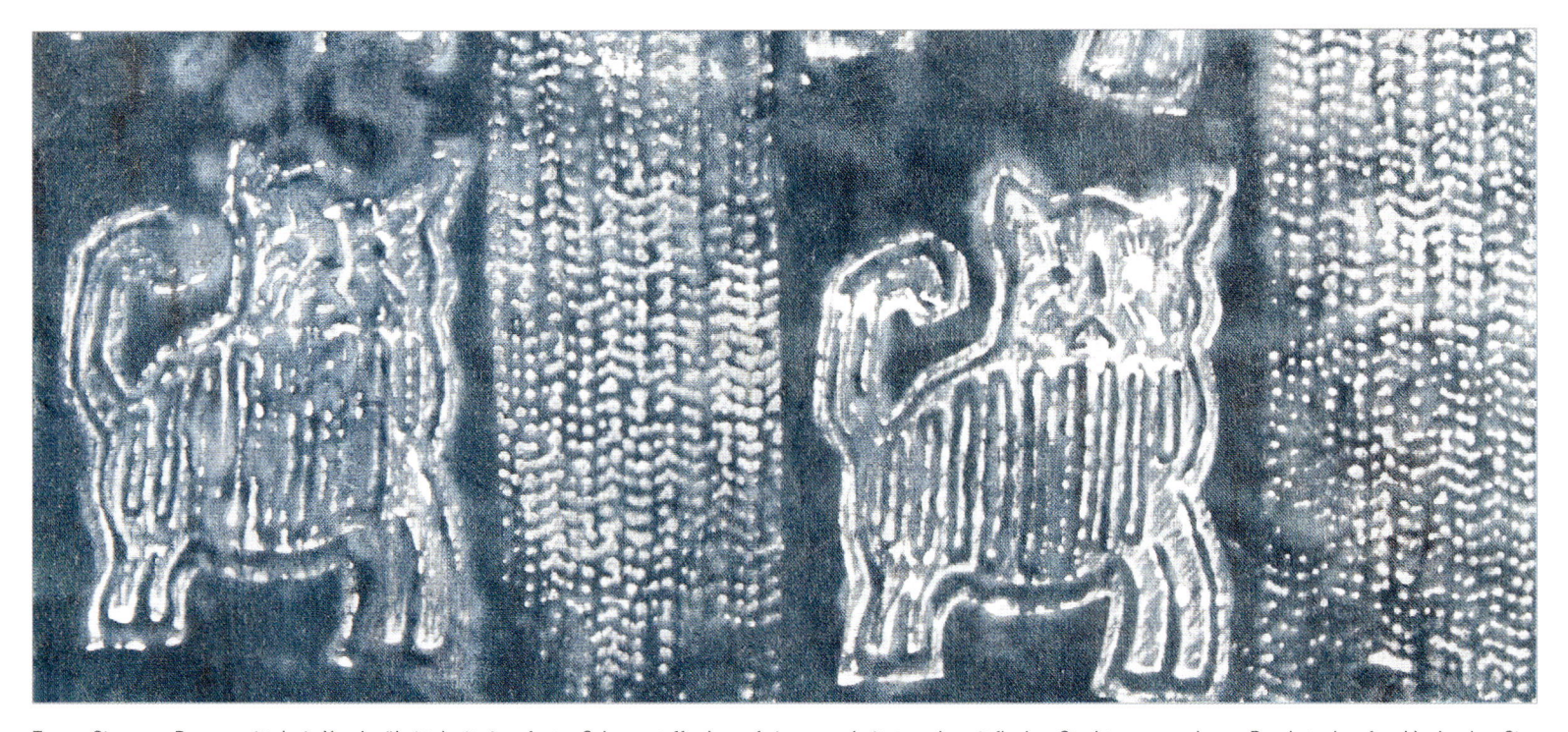

Tragen Sie nasse Reservemittel wie Handspülmittel mit einer festen Schaumstoffwalze auf einen geschnitzten oder mit flachen Strukturen versehenen Druckstock auf und bedrucken Sie auf diese Art den Stoff mit Farbe abweisenden Entwürfen. Diese stellen die Negativbilder der farbigen Drucke dar (siehe B auf Seite 109).

Mit dem Kunststoffspachtel wird eine dünne, gleichmäßige Reservemittelschicht auf den Stoff aufgetragen.

Auftragstechniken für Reservemittel

Wenden wir uns nun den verschiedenen Oberflächeneffekten zu, die sich mit den angerührten und gekochten Reservemitteln erzeugen lassen. Bei jeder der nachfolgend beschriebenen Techniken finden Sie neben den erforderlichen Materialien und Arbeitsschritten auch eine Liste der empfohlenen Reservemittel.

VORBEREITUNGEN ZUM AUFTRAGEN VON RESERVEMITTELN AUF STOFF

Lesen Sie sich die folgenden Tipps zur Vorbereitung der Stoffe und die Werkzeugempfehlungen gründlich durch, ehe Sie anfangen. Bei den dickflüssigeren Reservemitteln wie ungekochter Weizenmehlpaste, gekochtem Backpulver und dem nach Rezept 1 zubereiteten Mittel auf Gelatinebasis braucht es unterstützende Maßnahmen, damit sie in die Stofffasern eindringen können. Besprühen Sie den Stoff mit Wasser, ehe Sie diese Reservemittel auftragen. Eine Ausnahme bildet hierbei lediglich die Frottage mit dem Kunststoffspachtel, bei der es für das Ergebnis unerheblich ist, ob der Stoff anfangs besprüht wurde oder nicht. Die „nasseren" Reservemittel wie das nach Rezept 2 hergestellte Gelatinemittel sowie der Puderzuckersirup und das Handspülmittel sollten auf trockenen Stoff aufgebracht werden.

Werkzeuge

Viele der zum Auftragen von Reservemitteln benötigten Werkzeuge kennen Sie bereits aus früheren Kapiteln. Daneben eignen sich geschnitzte Radiergummis oder Druckstöcke (siehe „Schnitzen im Großformat" auf Seite 106) und Fundstücke wie Tablettenfläschchen und Flaschenverschlüsse für einige der unten beschriebenen Techniken. Zusätzlich brauchen Sie auch folgende Werkzeuge:

1. Kunststoffspachtel. Kaufen Sie ihn im KFZ-Bedarf. Kunststoffspachtel sind gewöhnlich im Set mit drei oder mehr verschiedenen Größen erhältlich und werden zur Reparatur von Karosserieschäden benutzt. Ich arbeite am liebsten mit dem kleinsten Spachtel, weil sich damit das Reservemittel am besten auf die Druckstöcke aufbringen lässt. Anstelle des Spachtels können Sie auch eine kleine Rakel oder eine alte Kreditkarte verwenden.

2. Kunststoff-Spritzflaschen. Halten Sie mehrere solcher Flaschen in verschiedenen Größen und mit verschieden großen Spritzlöchern bereit. Für dickflüssigere Reservemittel benötigt man größere Spritzflaschen mit größeren Spritzlöchern, zum Beispiel leere Ketchup- oder Geschirrspülmittelflaschen. Für siruartige und dünnflüssige Reservemittel dagegen sind feine Spritzlöcher gut geeignet. Ich selbst benutze spezielle kleine Kunststoff-Spritzflaschen aus dem Fachhandel für Künstlerbedarf.

3. Kleiner Kunststofftrichter. Er erleichtert das Einfüllen des Reservemittels in die Spritzflaschen. Halten Sie Trichter in mehreren Größen bereit.

TECHNIKEN FÜR DEN DIREKTAUFTRAG VON RESERVEMITTELN

Um Reservemittel direkt auf die Stoffoberfläche aufzutragen, benutzt man Werkzeuge. Jedes Werkzeug erzeugt in Verbindung mit jedem der dafür empfohlenen Mittel jeweils typische strukturale Musterelemente auf dem Stoff. Kleben Sie den Stoff mit Kreppband auf eine gepolsterte tragbare Arbeitsplatte und besprühen Sie ihn wenn nötig mit Wasser, bevor Sie das Reservemittel aufbringen (siehe auch Seite 105).

- **Verstreichen und zerbrechen.** Gießen Sie das Reservemittel auf den Stoff oder geben Sie es mit dem Löffel darauf. Verstreichen Sie es mit dem Kunststoffspachtel zu einer dünnen Schicht. Dann das Reservemittel vollkommen durchtrocknen lassen, ehe Sie es so bearbeiten, dass sich kleine Risse bilden. Empfohlene Reservemittel: ungekochte Weizenmehlpaste, gekochtes Backpulver, gekochter Puderzucker (siehe A).

- **Verstreichen und kratzen.** Das Reservemittel auf den Stoff gießen oder mit dem Löffel daraufgeben und mit dem Kunststoffspachtel zu einer dünnen Schicht verstreichen. Warten Sie nun einige Minuten, bis sich das Mittel verfestigt hat, und kratzen Sie dann mit „Werkzeugen" wie einem hölzernen Schaschlikspieß, einer Kunststoffgabel etc. Schrift oder andere Motive hinein. Empfohlene Reservemittel sind: ungekochte Weizenmehlpaste, gekochtes Backpulver, Reservemittel aus Gelatine nach Rezept 1 (siehe B).

- **Aufträufeln.** Träufeln Sie für freie Entwürfe das Reservemittel mit dem Löffel auf. Empfohlene Reservemittel: ungekochte Weizenmehlpaste, Reservemittel aus Gelatine nach Rezept 2 (noch nicht geliert), gekochter Puderzucker, Handspülmittel (siehe C).

- **Mit der Kunststoff-Spritzflasche zeichnen.** Wählen Sie dazu Kunststoff-Spritzflaschen mit verschieden großen Spritzlöchern, die auf die jeweiligen Reservemittel abgestimmt sind. Mit dieser Technik können Sie mit dem Reservemittel Formen oder auch komplexere Entwürfe auf den Stoff zeichnen oder auf ihn schreiben. Empfohlene Reservemittel: ungekochte Weizenmehlpaste, gekochter Puderzucker, Handspülmittel (siehe D).

- **Mit dem Pinsel auftragen.** Pinsel erzeugen je nach Art und Stärke jeweils charakteristische Striche, deren Aussehen zudem von dem verwendeten Reservemittel beeinflusst wird. Empfohlene Reservemittel: ungekochte Weizenmehlpaste, gekochtes Backpulver, Reservemittel aus Gelatine nach Rezept 1, Reservemittel aus Gelatine nach Rezept 2 (noch nicht geliert), gekochter Puderzucker, Handspülmittel (siehe E).

SCHNITZEN IM GROSSFORMAT

Zum Drucken mit Reservemitteln benötigt man große Motivradiergummis oder weiche, leicht zu schneidende Stempelgummi. Schneiden Sie die Motive entweder freihändig mit Linolschnittmessern in den Druckstock oder pausen Sie sie ab, übertragen Sie sie dann auf den Druckstock und schneiden Sie sie hinein.

Schneiden Sie zum Drucken mit Reservemitteln Motive in große Motivradiergummis oder leicht zu schneidende Druckstöcke.

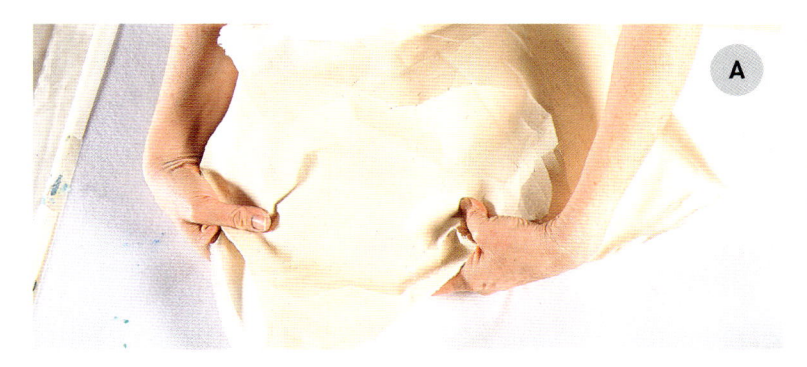

A Ist das Reservemittel auf dem Stoff vollkommen durchgetrocknet, nehmen Sie ihn von der Arbeitsplatte ab und bearbeiten ihn so, dass im Reservemittel kleine Risse entstehen.

B Kratzen Sie mit „Werkzeugen" (Kunststoffgabel, hölzerner Schaschlikspieß, Kronkorken …) bis auf den Stoff reichende Muster in die Reservemittelschicht.

C Für freie Entwürfe wird das Reservemittel mit dem Löffel auf den Stoff geträufelt.

D Mit Spritzflaschen, deren Spritzlochgröße zum verwendeten Reservemittel passt, können Sie direkt auf den Stoff zeichnen oder schreiben.

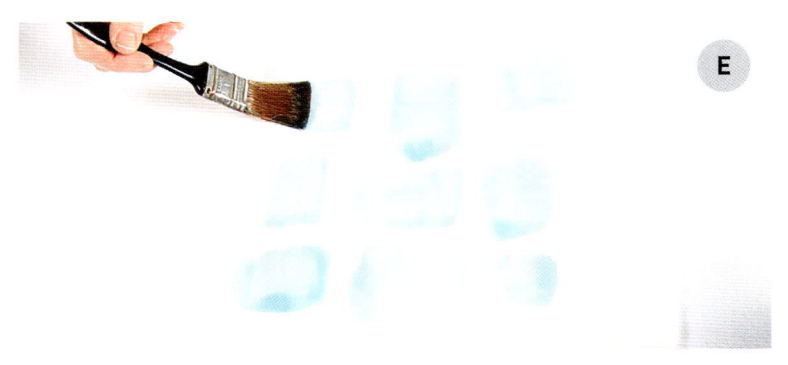

E Verwenden Sie verschiedene Arten und Stärken von Pinseln, um mit Reservemitteln Musterelemente auf den Stoff zu malen, deren Optik jeweils charakteristisch ist für die gewählte Kombination.

DRUCKEN MIT RESERVEMITTELN

Die nachfolgend beschriebenen Techniken bieten reizvolle Möglichkeiten zum Drucken mit Reservemitteln. Kleben Sie den Stoff mit Kreppband auf eine gepolsterte tragbare Arbeitsplatte und besprühen Sie ihn wenn nötig mit Wasser, bevor Sie das Reservemittel aufbringen (siehe Seite 105).

- **Mit dem Kunststoffspachtel drucken.** Tragen Sie das Reservemittel mit dem Löffel oder der Spritzflasche auf einen geschnitzten Druckstock auf. Mit dem Spachtel das Reservemittel in die Vertiefungen des Druckstocks drücken und überschüssiges Reservemittel von den erhabenen Stellen abwischen. Dann den Druckstock mit der mit dem Reservemittel versehenen Seite auf den Stoff legen und daraufdrücken, damit das Reservemittel abgegeben wird. Empfohlene Reservemittel: ungekochte Weizenmehlpaste, gekochtes Backpulver, Reservemittel aus Gelatine nach Rezept 2 (bereits geliert), gekochter Puderzucker, Handspülmittel (siehe A).

- **Mit der festen Schaumstoffwalze drucken.** Tragen Sie das Reservemittel mit dem Löffel oder der Spritzflasche auf die Glaspalette auf. Rollen Sie die feste Schaumstoffwalze auf der Palette hin und her, bis sie gleichmäßig mit dem Reservemittel bedeckt ist, und bringen Sie das Mittel mit der Walze auf das Motiv des Druckstocks auf. Dann den Druckstock mit der mit dem Reservemittel bedeckten Seite auf den Stoff legen und daraufdrücken, damit das Reservemittel abgegeben wird. Empfohlene Reservemittel: gekochter Puderzucker, Handspülmittel (siehe B).

- **Mit Blättern drucken (Naturdruck).** Ein Salatblatt oder ein Kräuterblatt mit der stärker geäderten Seite nach oben auf die Glaspalette legen und diese Seite mittels eines Pinsels mit dem Reservemittel bestreichen. Dann das Blatt mit der bestrichenen Seite nach unten auf den Stoff legen, mit einem Blatt Küchenpapier bedecken und daraufdrücken, damit das Reservemittel abgegeben wird. Entfernen Sie das Küchenpapier, aber lassen Sie das Blatt liegen. Ziehen Sie nun auf dem Stoff die Blattkontur mit dem Reservemittel nach, um die Blattform deutlicher hervorzuheben. Empfohlene Reservemittel: Reservemittel aus Gelatine nach Rezept 2 (noch nicht geliert), gekochter Puderzucker, Handspülmittel (siehe C).

- **Monoprint auf Glas.** Das Reservemittel in eine Spritzflasche füllen und damit ein Motiv auf die Glaspalette zeichnen. Legen Sie dann die Palette mit der mit dem Motiv versehenen Seite nach unten auf den Stoff und drücken Sie darauf, damit das Reservemittel abgegeben wird. Das Motiv wird dadurch auf dem Stoff leicht breit gedrückt. Empfohlene Reservemittel: gekochter Puderzucker, Handspülmittel (siehe D).

SCHABLONEN UND ABDECKMASKEN

Bei dieser Technik können Sie mit selbst kreierten oder handelsüblichen Schablonen arbeiten. Tragen Sie die dickflüssigen Reservemittel mit dem Kunststoffspachtel auf, die dünnflüssigen mit dem Pinsel. Wollen Sie mit einer Schablone mehrmals drucken, wischen Sie sie zwischen den einzelnen Drucken ab. Kleben Sie den Stoff mit Kreppband auf eine gepolsterte tragbare Arbeitsplatte und besprühen Sie ihn wenn nötig mit Wasser, ehe Sie das Reservemittel auftragen (siehe Seite 105).

- **Reservemittel mithilfe von Schablone und Kunststoffspachtel auftragen.** Bereiten Sie die Schablone vor, indem Sie an eine Kante ein 5 cm langes Stück Kreppband kleben. Die Schablone damit auf den Stoff kleben. Dann gibt man mit dem Löffel etwas Reservemittel auf den Kreppbandstreifen. Dort hat es einen gewissen Halt, wodurch es leichter fällt, es gleichmäßig innerhalb der Schablonenaussparungen aufzutragen. Ziehen Sie dazu das Mittel mit dem Spachtel über die Schablone, sodass die Bereiche innerhalb der Aussparungen damit bedeckt werden. Empfohlene Reservemittel: ungekochte Weizenmehlpaste, gekochtes Backpulver, Reservemittel aus Gelatine nach Rezept 2 (bereits geliert), (siehe E).

- **Reservemittel mithilfe von Schablone und Schaumstoffpinsel auftragen.** Die Schablone mit Kreppband auf den Stoff kleben. Ein wenig Reservemittel in ein Kunststoffgefäß gießen oder mit der Spritzflasche hineinspritzen. Den Pinsel in das Gefäß tauchen und anschließend am Rand abstreifen, um überschüssiges Reservemittel zu entfernen. Bestreichen Sie dann die Flächen innerhalb der Schablonenaussparungen sorgfältig mit dem Reservemittel. Empfohlene Reservemittel: Reservemittel aus Gelatine nach Rezept 2 (noch nicht geliert), gekochter Puderzucker, Handspülmittel.

TIPP: Reservemittel auf flachen strukturierten Küchenmaterialien

Versuchen Sie doch einmal, Reservemittel mit einer festen Schaumstoffwalze auf flache strukturierte Küchenmaterialien (Papierspitzendeckchen, Obstnetze…) aufzutragen (siehe Kapitel 2). Legen Sie diese dann mit der mit dem Reservemittel bedeckten Seite nach unten auf den Stoff und drücken Sie darauf, damit das Reservemittel abgegeben wird.

A Das Reservemittel mit dem Kunststoffspachtel auf den geschnitzten Druckstock auftragen.

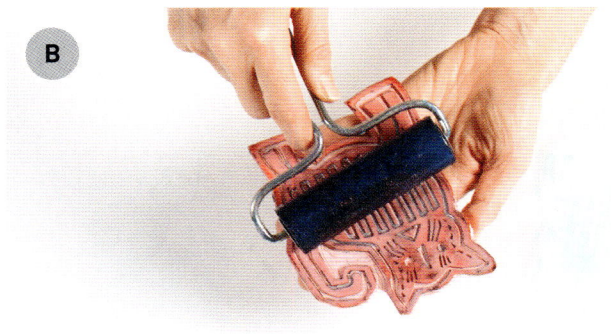

B Mit der festen Schaumstoffwalze eine gleichmäßige Schicht Reservemittel auf den geschnitzten Druckstock auftragen.

C Das Küchenpapier entfernen, aber das Blatt auf dem Stoff liegen lassen. Behandeln Sie das Blatt wie eine Schablone und ziehen Sie die Blattkontur mit dem Reservemittel auf dem Stoff nach.

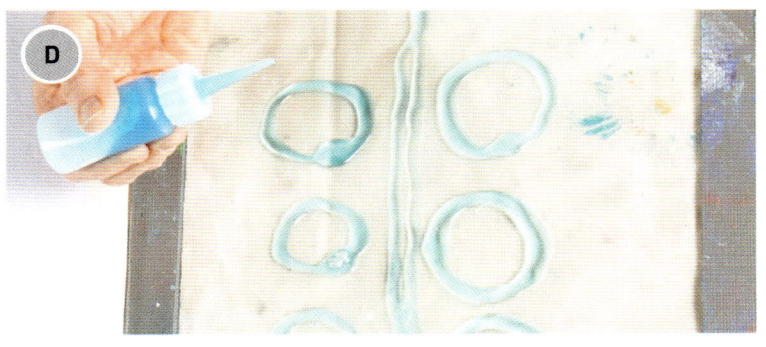

D Das Motiv wird mit einer mit Reservemittel gefüllten Spritzflasche auf die Glaspalette gezeichnet.

E Das Reservemittel mit dem Kunststoffspachtel über die Schablone ziehen.

A

Mit dem Pinsel die Flächen innerhalb der Aussparungen der Abdeckmaske mit dem Reservemittel bestreichen.

B

Schieben Sie einen Druckstock mit flachen Strukturen wie einen Heißkleber-Druckstock unter den Stoff.

FREEZER-PAPER-ABDECKMASKEN

Für die Arbeit mit dickflüssigen Reservemitteln geht nichts über einen Bogen Freezer Paper, aus dem einfache, geradlinige Motive herausgeschnitten wurden, oder über gerissene Streifen aus diesem Material. Bügeln Sie die Abdeckmaske auf den Stoff. Kleben Sie dann den Stoff samt der Maske mit Kreppband auf eine gepolsterte tragbare Arbeitsplatte und besprühen Sie ihn wenn nötig mit Wasser (ohne dabei das Papier allzu nass zu machen), bevor Sie das Reservemittel auftragen (siehe auch Seite 105).

- **Das Reservemittel mit dem Kunststoffspachtel auftragen.** Geben Sie mit dem Löffel etwas Reservemittel auf den Stoff und ziehen Sie es mit dem Kunststoffspachtel über die Motive der Abdeckmaske. Empfohlene Reservemittel: ungekochte Weizenmehlpaste, gekochtes Backpulver, Reservemittel aus Gelatine nach Rezept 2 (bereits geliert).

- **Das Reservemittel mit dem Schaumstoffpinsel auftragen.** Etwas Reservemittel in ein Gefäß gießen oder mit der Spritzflasche hineinspritzen. Den Pinsel in das Gefäß tauchen und anschließend am Rand abstreifen, um überschüssiges Reservemittel zu entfernen. Dann mit dem Reservemittel sorgfältig die Flächen innerhalb der Aussparungen der Abdeckmasken bestreichen oder die Kanten der Masken auf dem Stoff nachziehen. Empfohlene Reservemittel: Reservemittel aus Gelatine nach Rezept 2 (noch nicht geliert), gekochter Puderzucker, Handspülmittel (siehe A).

Mit dem Löffel etwas Reservemittel auf den Stoff geben und über den Bereich ziehen, unter dem der strukturierte Druckstock liegt.

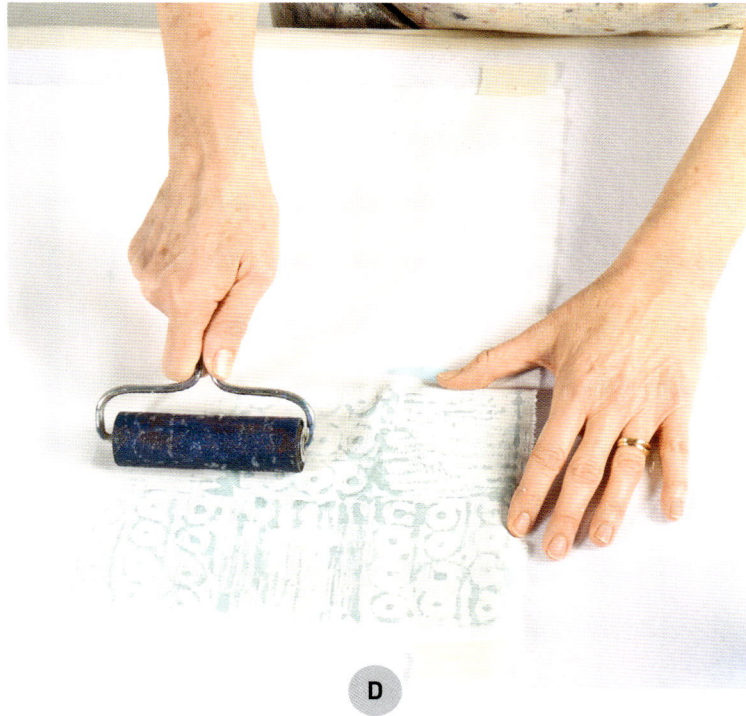

Die mit Reservemittel bedeckte Walze über den Stoffbereich rollen, unter dem der strukturierte Druckstock liegt.

FROTTAGEN

Durch Frottagen mit dem Kunststoffspachtel oder der Schaumstoffwalze lassen sich herrliche Hintergrundstrukturen und Muster kreieren, die sowohl für sich stehen als auch durch Bedrucken oder Schablonieren in ihrer Wirkung verstärkt werden können. Kleben Sie den Stoff mit Kreppband auf eine gepolsterte tragbare Arbeitsplatte. Es ist nicht nötig, ihn vor dem Auftragen des Reservemittels mit Wasser zu besprühen. Schieben Sie ein flaches strukturiertes Küchenmaterial, eine strukturierte Druckplatte oder einen flachen geschnitzten Druckstock unter den Stoff (siehe B).

- **Das Reservemittel mit dem Kunststoffspachtel auftragen.** Geben Sie mit dem Löffel etwas Reservemittel auf den Bereich des Stoffes, unter dem der strukturierte Druckstock liegt. Ziehen Sie dann das Reservemittel mit dem Spachtel über den Stoff, sodass die Struktur des darunterliegenden Druckstocks erkennbar wird. Den Druckstock neu positionieren und den Vorgang wiederholen. Empfohlene Reservemittel: ungekochte Weizenmehlpaste, gekochtes Backpulver, Reservemittel aus Gelatine nach Rezept 1 (siehe C).

- **Das Reservemittel mit der festen Schaumstoffwalze auftragen.** Geben Sie das Reservemittel mit dem Löffel auf die Glaspalette oder spritzen Sie es mit der Spritzflasche darauf. Die feste Schaumstoffwalze auf der Palette hin- und herrollen, bis sie gleichmäßig mit dem Reservemittel bedeckt ist. Dann die Walze über den Bereich des Stoffes rollen, unter dem der strukturierte Druckstock liegt. Den Druckstock neu positionieren und den Vorgang wiederholen. Empfohlene Reservemittel: gekochter Puderzucker, Handspülmittel (siehe D).

1. Transparente Farbe nur mit wenig Wasser verdünnen, denn dickflüssige Farbe dringt nicht so leicht durch das Reservemittel.

2. Mit Kreppband ein Stück Nessel oder Baumwollstoff auf die tragbare Arbeitsplatte kleben, darauf den Stoff mit dem getrockneten Reservemittel.

3. Mit dem Schaumstoffpinsel die Farbe auftragen.

4. Ist die Farbe trocken, wird der Stoff abgenommen.

Einen mit Reservemittel versehenen Stoff bemalen

Wenn das Reservemittel auf dem Stoff vollkommen durchgetrocknet ist, bemalt man ihn großflächig mit transparenter Stoffmalfarbe, um die mit dem Reservemittel gestalteten Strukturen und Muster hervorzuheben. Im Idealfall verhindert das Reservemittel, dass die Farbe bis zur Stoffoberfläche vordringt. Funktioniert das nicht, wird die durch das Reservemittel errichtete Barriere „durchbrochen". Dem entgegen wirkt man, indem man den Stoff vor dem Auftragen dickflüssiger Reservemittel mit Wasser besprüht. Daneben gibt es noch vier weitere geeignete Maßnahmen:

1. Bei weniger stark verdünnter transparenter Stoffmalfarbe ist die Gefahr geringer, dass sie unter das Reservemittel sickert. Die verdünnte Farbe sollte die Konsistenz von sehr dickflüssiger Sahne haben. Ich verwende zum Verdünnen der Farben 1½ Teile Wasser auf 1 Teil Farbe.

2. Legen Sie vor dem Auftragen der Farbe ein Stück Nessel oder Baumwollstoff zwischen die Kunststoffabdeckung der Arbeitsplatte und den mit Reservemittel versehenen Stoff. So wird überschüssige Farbe absorbiert und kann keine Pfützen auf der Kunststoffabdeckung bilden, von wo aus sie trotz des Reservemittels auf den Stoff gelangen könnte.

3. Tragen Sie die Farbe mit dem Schaumstoffpinsel auf. Das getrocknete Reservemittel wirkt wie eine Barriere. Durch Risse oder an freien Stellen gelangt die Farbe auf den Stoff. Wischen Sie überschüssige Farbe mit einem Lappen weg, damit das Reservemittel nicht zusätzlich beschädigt wird.

4. Nehmen Sie den Stoff von der Arbeitsplatte ab, wenn die Farbe vollständig durchgetrocknet ist.

Farbe auf einem mit Reservemittel versehenen Stoff fixieren

Wie bereits in Kapitel 1 erklärt (siehe „Farbe fixieren" auf Seite 22), gibt es drei verschiedene Möglichkeiten, um Farbe dauerhaft auf Stoff zu fixieren. Ist der Stoff mit Reservemittel versehen, müssen einige der üblichen Methoden geringfügig abgewandelt werden. Die folgenden drei Techniken liefern gute Resultate:

1. Haben Sie selbstfixierende Stoffmalfarbe verwendet, lassen Sie den mit Kreppband festgeklebten Stoff auf der gepolsterten tragbaren Arbeitsplatte und legen diese an einen ruhigen Ort. Nach der zum Fixieren der Farbe benötigten Zeit das Reservemittel entfernen, wie in der nebenstehenden Anleitung beschrieben.

2. Um die Farbe mit dem Bügeleisen durch Hitzeeinwirkung zu fixieren, bilden Sie ein „Sandwich", indem Sie den bemalten und mit Reservemittel versehenen Stoff zwischen zwei Bügeltücher aus Nessel oder Baumwollstoff legen. Auf diese Weise sind Bügeleisen und Bügelfläche vor dem direkten Kontakt mit dem Reservemittel geschützt. Das „Sandwich" erst auf der einen, dann auf der anderen Seite jeweils die Hälfte der zum Fixieren erforderlichen Zeit bügeln, dazwischen einmal wenden.

3. Den bemalten und mit Reservemittel versehenen Stoff in einen Kissenbezug stecken und diesen mit einem Gummiband verschließen, alternativ den Stoff in einen Wäschebeutel (kein Wäschenetz!) mit Zugband stecken. Dann den Kissenbezug oder Wäschebeutel bei höchstem Trocknungsgrad fünfzig Minuten im Wäschetrockner trocknen. Mit dieser Technik kann die Farbe bei mehreren Stoffen zugleich fixiert werden.

Reservemittel entfernen

Nach dem Fixieren der Farbe wird das Reservemittel entfernt. Dazu verfahren Sie wie folgt:

1. Legen Sie den mit Reservemittel versehenen Stoff in eine Kunststoffwanne oder große Schüssel, die in das Spülbecken passt.

2. Beträufeln Sie den Stoff mit etwas Handspülmittel. (Ausnahme: Bei Handspülmittel als Reservemittel entfällt dieser Schritt!)

3. Füllen Sie die Kunststoffwanne mit warmem Wasser und weichen Sie den Stoff zehn Minuten darin ein, um das Reservemittel aufzuweichen oder aufzulösen.

4. Nach zehn Minuten das „schmutzige" Wasser ausgießen und das Gefäß erneut mit warmem Wasser und Spülmittel füllen. Den Stoff wieder im Seifenwasser einweichen, dabei darin hin- und herbewegen, um das Reservemittel noch besser abzulösen. Hält es sich hartnäckig auf dem Stoff, reiben Sie diesen unter fließendem warmem Wasser aneinander oder bürsten ihn behutsam mit einer weichen Zahnbürste. Dann erneut das „schmutzige" Wasser ausgießen und den beschriebenen Vorgang wiederholen, bis das Reservemittel komplett vom Stoff entfernt ist.

5. Den Stoff in kaltem oder warmem Wasser mit ein wenig mildem Waschmittel im Schonwaschgang waschen. Überprüfen Sie dann, ob er nochmals gespült oder gewaschen werden muss. Trocknen Sie ihn im Wäschetrockner bei niedrigem Trocknungsgrad oder auf der Wäscheleine.

KAPITEL 7

Galerie

Ich hatte eine Reihe von Künstlern dazu eingeladen, sich an den in diesem Buch beschriebenen Techniken zu versuchen, denn ich war neugierig, wie sie sie mit ihren üblichen Methoden des Oberflächendesigns kombinieren würden. Ihre Arbeiten haben mir richtig Lust darauf gemacht, auch künftig mit neuen Verwendungsmöglichkeiten für Küchenmaterialien zu experimentieren. Ich hoffe, auch Sie finden sie inspirierend!

NINE-PATCH FLOWER GARDEN (NEUNERBLOCK-BLUMENGARTEN)
Betty C. Ford

Foto: George McClennon

Die Stoffe für diesen „Blumengarten"-Quilt wurden ausschließlich mithilfe von Gemüse bedruckt und mit Stoffmalfarben bemalt. Betty C. Ford, die in Rockville im US-Staat Maryland zuhause ist, entwirft und näht seit etwa 20 Jahren Künstlerquilts und hat in dieser Zeit auch an Kursen von weltberühmten Textilkünstlern und Oberflächendesignern teilgenommen.
http://bettyfordquilts.com

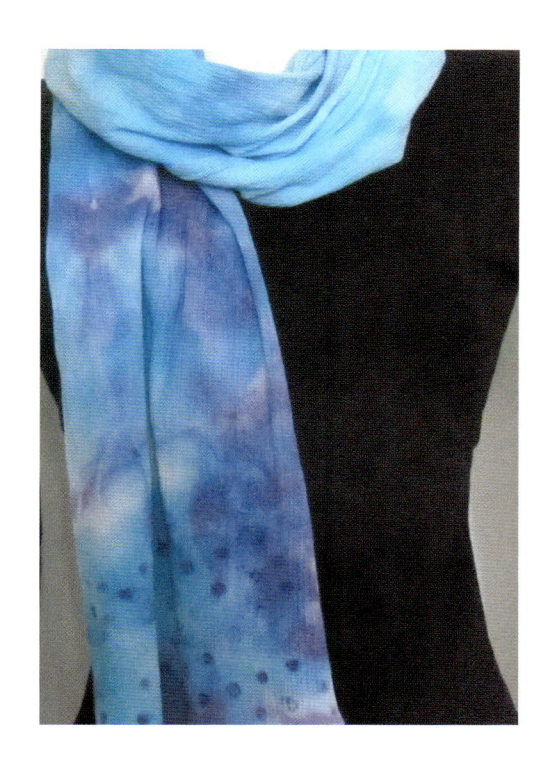

SCHAL
Lisa Chan

Foto: Lisa Chan

Der Schal wurde mit Stoffmalfarben bemalt und mit Pappröhren und Mustern bedruckt, die mit der Heißklebepistole entstanden sind. Lisa Chan experimentiert außer mit Farben zum Färben und Bemalen auch gerne mit Garn, Stoff und Papier und mit allem anderen, womit sich Muster erzeugen lassen. Werke von ihr wurden in Büchern und US-Zeitschriften veröffentlicht und im US-Staat Utah in Kunstgalerien gezeigt.
http://somethingcleverabooutnothing.blogspot.com,
www.etsy.com/shop/somethinglisa

EINKAUFSTASCHE
Marilyn Dickey

Foto: Marilyn Dickey

Sämtliche Muster auf dieser Tasche wurden mit Mais geschaffen, so auch die durch Rollen eines Maiskolbens mit abgeschnittenen Körnern gedruckten Strukturen und die in Sonnendruck-Technik mit Maishaar gestalteten Elemente. Während der Stoff in der Sonne trocknete, bearbeitete ihn die Künstlerin, um die Stofffarbe teilweise zu entfernen, ließ dabei jedoch für eine reichere Struktur Blasen und Grate stehen. Marilyn Dickey, Redakteurin und Autorin, hat Freude am Experimentieren mit Stoffdesign sowie am Stricken, Häkeln und weiteren Handarbeitstechniken.
www.etsy.com/shop/AnneDShop

KLEINE TASCHEN
Eileen Doughty

Foto: Pam Soorenko

Diese maschinengequilteten Täschchen aus von Julie B. Booth gefärbten Stoffen wurden von Eileen Doughty entworfen und genäht. Die Stoffmuster sind das Ergebnis von Schaumstoff-Frottagen mit Reservesirup aus gekochtem Puderzucker. Eileen Doughty gründete 1991 ihre Firma *Doughty Designs* und führt seitdem textile Auftragsarbeiten aus. Sie ist in privaten, öffentlichen und firmeneigenen Sammlungen mit Stücken vertreten.
www.doughtydesigns.com

LEILA'S JOURNEY (LEILAS REISE)
Carol R. Eaton

Foto: Pam Soorenko

Der Ausgangsstoff für diesen Tischläufer wurde in einer Eisfärbetechnik gestaltet und anschließend mit einer Schicht ungekochter Weizenmehlpaste abgedeckt. Für das endgültige Design zog die Künstlerin einen Kamm über den mit dem Reservemittel bedeckten Stoff und ritzte mit einer Gabel Kreise in die Paste. Die so entstandenen Stoffstücke wurden mit Fragmenten von Kopftüchern kombiniert, die ursprünglich von äthiopischen Frauen getragen worden waren. Carol R. Eaton ist Oberflächendesignerin und gestaltet seit zehn Jahren originelle Stoffe, jeder davon ein Unikat.
http://carolreatondesigns.blogspot.com

KISSEN
Candace Edgerley

Foto: Candace Edgerley

Um die Stoffe für dieses Kissen zu kreieren, bediente sich Candace Edgerley einer Reihe von Druckwerkzeugen wie Wellpappe-Druckstöcke mit Heißkleber-Motiven, ein Styropordruckstock mit aus selbstklebendem Schaumstoff zugeschnittenen Motiven, formbare Schaumstoffbauklötze mit selbst erzeugten Abdrücken von einer Binsenmatte und Unterlegscheiben sowie aus einem leicht zu schneidenden Schaumstoff-Druckstock ausgeschnittene Blattmotive. Der Kreis und die X-Formen wurden aus Freezer-Paper-Abdeckmasken herausgeschnitten, die handgestickten Details mit Sticktwist in Kantha-Stickerei ausgeführt. Die Künstlerin hat in den USA und international ausgestellt.
www.candaceedgerley.com

JACKE
Janet Barnard

Foto: Chris Barnard

Für diese von Hand mit Stoffmalfarben bestempelten Stoffe kamen Nudeln zum Einsatz, zum einen Spaghetti, als nachgeahmtes Ikatmuster schichtweise auf eine Schaumkernplatte geklebt, zum anderen Fettuccine, für Streifen schichtweise auf einen Druckstock aus einer Schaumkernplatte und Wellpappe geklebt. Die Druckstöcke wurden mit einem selbstverlaufenden Acrylgel wasserfest versiegelt. Janet Barnard hat ihr Atelier in ihrem Haus in Rockville, US-Staat Maryland. Dort webt und malt sie, bemalt Seide und schneidert Kleidung.
jbrnrd@comcast.net

PALIMPSEST
Clara Graves

Foto: Ronald L. Freudenheim

Definition von Palimpsest: ein Gegenstand mit unterschiedlichen unter der Oberfläche sichtbaren Schichten. Zu den verwendeten Gestaltungstechniken für diesen Wandbehang gehören u. a. der Siebdruck mit Hafermehl als Siebfüller und der Schablonendruck mit aus leeren Müslikartons und Freezer Paper ausgeschnittenen Mustern. Das Stück wurde kurz hitzefixiert, dann von Hand gewaschen und gerieben, um die schablonierte Oberfläche aufzubrechen. Zum Schluss wurden für die oberste Schicht schwarze Monotypien auf Seidenorganza gedruckt und miteinander verbunden. Arbeiten von Textilkünstlerin Clara Graves finden sich in Privatsammlungen in den gesamten USA.
www.claragraves.com

ORANGE CREAM COFFEE CUPS (KAFFEETASSEN IN ORANGE UND CREME)
Lynn Krawczyk

Foto: Jackie Lams

Um den Hintergrund dieses Wandquilts zu gestalten, wurde der Stoff u. a. mit einem Radicciokopf bestempelt sowie im Monoprintverfahren mit getrocknetem Mais bedruckt und im Anschluss daran mit geschnitztem Kürbis bestempelt. Die Kaffeetassen wurden unter Verwendung einer Markerzeichnung im Thermofaxsiebdruckverfahren gedruckt. Das Quilten erfolgte von Hand. Lynn Krawczyk ist Textilkünstlerin, Autorin und Lehrerin.
http://smudgedtextilesstudio.com

SHIRT
Ann Liddle

Foto: Ann Liddle

Bei diesem Kleidungsstück wurden gerissene Freezer-Paper-Streifen zu Mustern angeordnet und auf den Stoff aufgebügelt, dann wurde mit Schaumstofftupfern Stoffmalfarben aufgebracht. Die farbigen Streifen wurden anschließend zerschnitten und mit der Maschine auf schwarzen Baumwollsatin genäht. Ann Liddle arbeitet seit achtzehn Jahren als Künstlerin. Neben dem Entwerfen und Schneidern von Kleidung kreiert sie auch zwei- und dreidimensionale Werke, für die sie sich vieler verschiedener Techniken und Medien bedient.
www.f-i-n-e.com

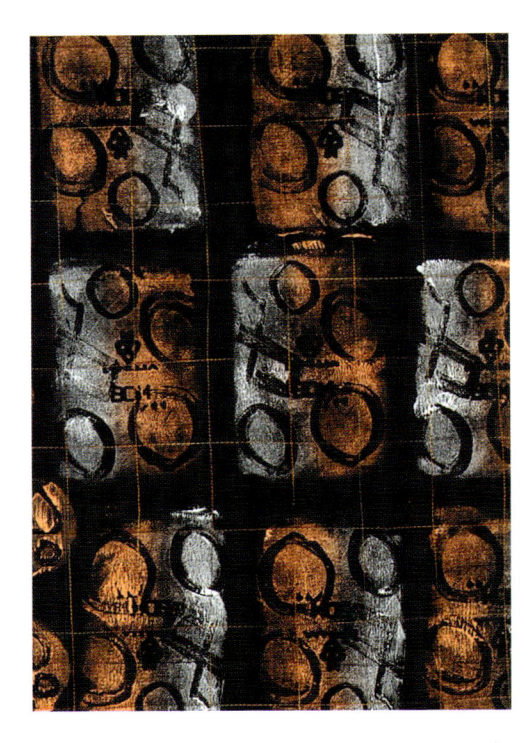

LINENS (LEINEN)
Celina Mancurti

Foto: Celina Mancurti

Celina Mancurtis Arbeit zeigt einen Kartoffeldruck auf umweltfreundlichem Leinen. Die in den USA ansässige argentinische Textildesignerin liebt das Arbeiten mit Stoffen und hat eine eigene Leinenkollektion entworfen, die ihren Lebensstil perfekt widerspiegelt.
www.celinamancurti.com
www.etsy.com/shop/CelinaMancurti

POPPIES (MOHNBLUMEN)
Susan Purney Mark

Foto: Susan Purney Mark

Der Hintergrundstoff für diesen Wandbehang wurde in Monoprint-Technik bedruckt, wobei die Künstlerin für die linearen Gräser in der mit Stoffmalfarbe gestalteten Fläche ein Essstäbchen benutzte. Anschließend wurde der Stoff hitzefixiert, mit einer steifen Einlage hinterbügelt und mit der Maschine freihändig mit verschiedenen Ziergarnen bestickt. Susan Purney Mark hat im Lauf der letzten 20 Jahre verschiedene Techniken des Oberflächendesigns in den Bereichen Färben, Bemalen, Siebdruck und Bildtransfer erlernt, damit experimentiert und sie schließlich auch unterrichtet. Ihr Markenzeichen ist die Verbindung von traditionellen Methoden mit modernem Design und Materialien.
http://susanpm.com

SIMILAR BUT OH SO DIFFERENT (ÄHNLICH, UND DOCH GANZ ANDERS)
Lynda Poole Prioleau

Foto: Mark Prioleau

Dieser Wandquilt wurde mit gebrauchten Styroporschalen mit Stoffmalfarben bedruckt, wozu mit dem Ende eines alten Pinselstiels Motive in die Schalen gedrückt worden waren. Bei Textilkünstlerin Lynda Poole Prioleau stehen handgefärbte Stoffe, Siebdruck und Shiboritechniken im Zentrum des Interesses. Ihr Werk umfasst moderne Quilts, tragbare Kunst und Accessoires.
www.matlyndesigns.com

CLOUD, PAPER, WATER
(WOLKE, PAPIER, WASSER)
Jennifer Coyne Qudeen

Foto: Jennifer Coyne Qudeen

Bei diesem Stück wurde ein gebrauchter alter japanischer Quittungsblock in Collagetechnik mit Baumwollstoffen versehen und von Hand sowie mit der Maschine bestickt. Für die Motive wurde ein Weinkorken zuerst in Farbe und dann über den Stoff gerollt. Jennifer Coyne Qudeen ist Zeichensetzerin, Geschichtenerzählerin, Oberflächendesign-Erforscherin, Rost-Junkie und glühende Anhängerin der Frage: „Was wäre, wenn?"
www.jennifercoynequdeen.blogspot.com

HANDTASCHE
Lesley Riley

Foto: Lesley Riley

Ein Art-déco-Kartoffelstampfer und eine Kunststoff-Garnspule dienten als Druckwerkzeuge für das grafische Design auf dem mit diversen Acryl- und Stoffmalfarben bemalten Baumwollcanvas der Tasche. Kunstwerke und Artikel der international bekannten Künstlerin und Dozentin, die überdies sechs Bücher verfasst und das Transferpapier *TAP Transfer Artist Paper* entwickelt hat, wurden in zahlreiche Publikationen und jurierte Ausstellungen aufgenommen.
http://lesleyriley.com

KIMONOJACKE
Priscilla Stultz

Foto: Priscilla Stultz

Diese Kimonojacke besteht aus handgefärbter, mit Druckstöcken aus gebrauchter Wellpappe bedruckter Seide. Für die Druckstöcke wurde die Pappe beispielsweise mit Schnur umwickelt oder mit Reis oder ausgeschnittenen Kartonformen beklebt. Die Jacke ist mit handgefärbten Stoffen gefüttert. Priscilla Stultz ist preisgekrönte Textilkünstlerin und Schöpferin von tragbarer Kunst und lebt im US-Staat Virginia. Ihre Entwürfe waren schon auf dem Laufsteg, bei Schauen und in Museen zu bewundern, aber auch im Rahmen anderer Veranstaltungen innerhalb der USA.
www.priscillastultz.com

GATHERING DREAMS SERIES – OCEAN CHANNELS (SERIE TRÄUME SAMMELN – MEERESKANÄLE)
Pam Sullivan

Foto: Pam Sullivan

Bei diesem maschinengenähten Stück wurden gerissene Freezer-Paper-Abdeckmasken und Siebdrucke auf Polyestervlies mit transparenten Stoffmalfarben übermalt. Thema des Triptychons sind die Geheimnisse der Meere sowie die Geschichten und Informationen, die ständig aus dem Verborgenen ans Tageslicht gespült werden. Werke von Pam Sullivan wurden USA-weit in Einzel- und Gruppenausstellungen präsentiert. In ihren Mixed-Media- und Textilarbeiten setzt sie sich mit Zeit und Raum sowie der Natur und der Rolle des Menschen in diesem Bezugssystem auseinander.
www.pamsullivan.com

KISSEN
Helga Elli Thomas

Foto: Helga Elli Thomas

Große und kleine Farbtupfen wurden hier mit einem geschnitzten Essstäbchen auf den Stoff aufgetragen (Stoffdruck mit Fundstücken). Die Blattmotive wurden in Monoprint-Technik mit als Schablonen benutzten Salbeiblättern gedruckt. Helga Elli Thomas ist Inhaberin des *Adobe Trader Studios*, eines Ateliers für modernes Textildesign, das einzigartige handgearbeitete Kunstwerke aus Stoff herstellt. Ihre Stücke sind von den natürlichen Farben, komplizierten Mustern und den Landschaften unseres Planeten inspiriert. Bei all ihren dekorativen textilen Schöpfungen handelt es sich um Unikate, die sie von Hand entwirft, bemalt und schabloniert. Die Stoffe sind unschädlich für Mensch, Tier und Umwelt.
www.etsy.com/shop/AdobeTrader

TOURIST GO HOME (TOURIST, GEH NACH HAUSE)
Jessica Todd

Foto: Jessica Todd

Diese Arbeit entstand in mehreren Schritten mithilfe von als Reservemittel genutztem Salz sowie Freezer-Paper-Abdeckmasken und Druckstöcken. Zu „Tourist Go Home" wurde die Künstlerin von einem Graffito angeregt, das ihr auf einer Reise ins spanische Sevilla ins Auge gefallen war. Ihre Absicht war es, die herrlichen alten spanischen Fliesenmuster und das romantisch verklärte Spanienbild in Kontrast zu der unmissverständlichen, rüden Aufforderung an die Touristen zu setzen. Jessica Todd, die sich dem zeitgenössischen Kunsthandwerk verschrieben hat, erwarb an der Kent State University, US-Staat Ohio, ihren Magisterabschluss in Bildender Kunst in den Bereichen Schmuck, Metall und Emaille. Sie integriert häufig Textilien und andere Medien in ihre Arbeiten.
http://jesstoddstudio.com, www.etsy.com/shop/jesstodd

Bezugsquellen und weiterführende Literatur

HÄNDLER UND ONLINE-SHOPS
Empfehlenswerte Adressen für spezielle Werkzeuge, Stoffmalfarben, Stempel und weiteres Zubehör:

Künstlerbedarf Boesner (mit Onlineversand in Deutschland, Österreich und der Schweiz)
www.boesner.com

Künstlerbedarf Gerstaecker (mit Onlineversand in Deutschland, Österreich und der Schweiz)
www.gerstaecker.com

Architektur- und Künstlerbedarf Modulor
www.modulor.de

Bastelwelt
www.bastel-welt.de

Spezielle Materialien
Freezer Paper von Reynolds → erhältlich über www.amazon.de

Tacky-Glue-Kleber von Aleene → erhältlich über www.amazon.de

WEITERFÜHRENDE LITERATUR
Techniken des Oberflächendesigns im Allgemeinen
Sue Beevers, *Off-the-Shelf Fabric Painting: 30 Simple Recipes for Gourmet Results*. C&T Publishing, 2004.

Valerie Campbell-Harding, *Fabric Painting for Embroidery*. Batsford, 1990.

Carolyn A. Dahl, *Transforming Fabric: 30 Creative Ways to Paint, Dye and Pattern Cloth*. Krause Publications, 2004.

Anne Desmet und Jim Anderson, *Drucken ohne Presse: Eine Einführung in kreative Drucktechniken*. Haupt Verlag, 2000.

Rebecca Drury und Yvonne Drury, *Muster drucken: Ideen und Projekte vom Stempel- zum Siebdruck*. Haupt Verlag 2010.

Jane Dunnewold, *Art Cloth: A Guide to Surface Design for Fabric*. Interweave Press, 2010.

Jane Dunnewold, *Complex Cloth: A Comprehensive Guide to Surface Design*. Fiber Studio Press, 1996.

Eva Pascual I Miró et al., *Textile Druck- und Färbetechniken: Das große Buch der Färbetechniken. Geschichte, Materialien, Werkzeuge, Techniken*. Haupt Verlag, 2009.

Rayna Gillman, *Create Your Own Hand-Printed Cloth: Stamp, Screen & Stencil with Everyday Objects*. C&T Publishing, 2008.

Karin Jerstorp und Eva Kohlmark, *The Textile Design Book: Understanding and Creating Patterns Using Texture, Shape and Color*. Lark Books, 1988.

Mickey Lawler, *Mickey Lawler's Sky Dyes: A Visual Guide to Fabric Painting*. C&T Publishing, 1999.

Yvonne Porcella, *Colors Changing Hue*. C&T Publishing, 1994.

Richard M. Proctor und Jennifer F. Lew, *Surface Design for Fabric*. University of Washington Press, 1995.

Jane Stobart, *Einfach drucken: Techniken für Anfänger*. Haupt Verlag, 2003.

Jessica Swift, *Handgedruckte Muster: auf Stoff, Papier und Wänden*. Haupt Verlag, 2016.

Laurie Wisbrun, *Stoffe entwerfen und drucken: Techniken, Anleitungen, Design*. Haupt Verlag, 2012.

Einzelne Techniken
STEMPELN UND DRUCKEN
Patricia Garner Berlin, *Great Impressions: The Art & Technique of Rubber Stamping*. Flower Valley Press, 1997.

Laura Donnelly Bethmann, *Nature Printing with Herbs, Fruits & Flowers*. Storey Communications, Inc., 1996.

Traci Bunkers, *Stempel, Walzen & Schablonen*. Haupt Verlag, 2011.

Ruth Issett, *Print, Pattern & Colour*. Batsford, 2007.

RESERVETECHNIKEN
Lisa Kerpoe, *Visual Texture on Fabric: Creating Stunning Art Cloth with Water-Based Resists*. C&T Publishing, 2012.

INSPIRATIONEN – ENTWURF UND KOMPOSITION
Jane Dunnewold, Claire Benn & Leslie Morgan, *Finding Your Own Visual Language: A Practical Guide to Design & Composition*. Committed to Cloth, 2007.

Dorr Bothwell und Marlys Mayfield, *NOTAN: The Dark-Light Principle of Design*. Dover Publications, Inc., 1991.

MUSTER UND MOTIVE FÜR DRUCKSTÖCKE/SCHABLONEN
Jeanne Allen, *Designer's Guide to Japanese Patterns: Book 2*. Chronicle Books, 1988.

Jeanne Allen, *Designer's Guide to Japanese Patterns: Book 3*. Chronicle Books, 1989.

Jorge Enciso, *Design Motifs of Ancient Mexico*. Dover Publications, Inc., 1953.

Graham Leslie McCallum, *4000 Animal, Bird & Fish Motifs: A Sourcebook*. Batsford, 2005.

Graham Leslie McCallum, *4000 Flower & Plant Motifs: A Sourcebook*. Batsford, 2004.

Graham Leslie McCallum, *Pattern Motifs: A Sourcebook*. Batsford, 2006.

Shigeki Nakamura, *Pattern Sourcebook: Nature*. Rockport Publishers, 2009.

Shigeki Nakamura, *Pattern Sourcebook: Nature 2*. Rockport Publishers, 2009.

Geoffrey Williams, *African Designs from Traditional Sources*. Dover Publications, Inc., 1971.

Eva Wilson, *North American Indian Designs for Artists and Craftspeople*. Dover Publications, Inc., 1984.

Kanako Yaguchi, *The Art of Decorative Paper Stencils*. Quarry Books, 2007.

Dank

An der Entstehung dieses Buches waren viele Personen beteiligt.

Ich danke Mary Ann Hall dafür, dass sie das Potenzial dieses Buches erkannt und mich ermutigt hat, mein Konzept noch etwas zu verändern.

Ein ganz besonderes Dankeschön geht an meine beiden Lektorinnen: an Tiffany Hill für ihre ansteckende Begeisterung und ihr punktgenaues Lektorat und an Cara Connors für ihre sorgfältige Beachtung jedes Details und die endlose Geduld, mit der sie mich bei der Realisierung dieses Projekts begleitet hat.

Danke auch an Pam Soorenko für ihre hinreißenden Fotos. Die Fotoshootings und ihr fantasievoller Blick als Fotografin waren mir eine Freude.

Ferner danke ich Regina Grenier und John Foster für ihr verführerisches Design von Umschlag und Seiten, das die Blicke magisch anzieht.

Bei allen Künstlern, die Arbeiten zur Bildergalerie beigesteuert haben, bedanke ich mich von ganzem Herzen. Als ich meinen Aufruf startete, boten mir alle begeistert an, Stücke zu kreieren, für die sie in diesem Buch beschriebene Techniken verwenden würden. Ihre Werke sind wahrhaft spektakulär und haben meinen Blick noch stärker für das Potenzial dieser Techniken geschärft.

Mein besonderer Dank gilt Lesley Riley, Kunstcoach und meine Mentorin. Mit ihrer Hilfe erkannte ich, dass ich durch harte Arbeit, Entschlossenheit und etwas Mut meinen Traum, ein Buch zu verfassen, verwirklichen konnte.

Meinem Mann Mark ein liebevolles Dankeschön für seine ermutigenden Worte, Umarmungen und Hackbraten.

Meiner ganzen Familie und all meinen Freunden danke ich für ihren Zuspruch und ihre Bitten um ein signiertes Exemplar dieses Buchs!

Die Autorin

Julie B. Booth begann bereits als Kind zu nähen und zu drucken. Im Alter von zehn Jahren hantierte sie schon mit Sticknadel und Garn und verbrachte viele vergnügte Samstagabende damit, in der Schule Motive in Linoleumplatten zu schneiden.

Im Jahr 1994 gründete die Künstlerin ihre Firma *Thread Born Dolls* und spezialisierte sich auf die Anfertigung von Stoffpuppen und Puppenschnitte. Schon bald entdeckte sie das Drucken wieder, diesmal auf Stoff, und es dauerte dann nicht auch mehr lange, bis ihre handbedruckten Stoffe zu ihrem Markenzeichen geworden waren. 2010 erhielt sie den Auftrag, eine Kollektion handbedruckter Stoffe für das Heimtextiliensortiment der Kunstgalerie *Caos on F* in Washington, D.C., zu entwerfen.

Julie B. Booth ist Mitglied bei F.I.N.E *(Fiber in Nearly Everything)*, einer Gruppe von sieben Mixed-Media-Künstlern, die ihre Arbeiten in Ausstellungen präsentieren, daneben auch seit vielen Jahren bei der *Potomac Fiber Arts Guild* (Textilkunstgilde von Potomac) und der *Potomac Fiber Arts Gallery* (Textilkunstgalerie von Potomac). Erst vor Kurzem trat sie der *Printed Fabric Bee* bei, deren zehn Mitglieder – allesamt begeisterte Oberflächendesigner – bei ihrem allmonatlichen Treffen einzigartige Druckstoffe kreieren und miteinander teilen.

Was ihre Kurse betrifft, so hat sich die begeisterte Dozentin für Textilkunst auf Oberflächendesign, Puppengestaltung und Verzierungstechniken spezialisiert. Es macht ihr Freude, ihre Kursteilnehmer zu ermutigen, ihre Projekte furchtlos, offen und mit der Bereitschaft zum Experimentieren anzugehen.

2010 erhielt die Künstlerin ein Stipendium zur Erforschung von gewöhnlichen Haushaltsmaterialien als Reservemittel für Stoffe. Der Großteil ihrer Forschungsarbeit fand in der Küche statt, wo sie Reservemittel mit Zutaten von Gelatine bis Backpulver zubereitete. In der Gewissheit, dass die Küche noch viele weitere Überraschung für das Oberflächendesign bereithält, hat Julie B. Booth ihre Küchenspielereien bis heute nicht beendet. Im Jahr 2012 rief sie ihren Blog *Julie B Booth Surface Design* nebst ihrem monatlichen Newsletter *Julie B Booth Surface Design News* ins Leben, die der von Küchenmaterialien inspirierten Oberflächengestaltung gewidmet sind. Neben dem Durchforsten der Küche nach potenziellen Künstlermaterialien befasst sich Julie B. Booth seit einiger Zeit auch damit, wie man mit bedruckten Stoffen Geschichten erzählen und schadhafte Stoffe in verschiedenen Techniken mit Nadel und Faden reparieren kann. Besuchen Sie ihren Blog www.threadbornblog.com und schauen Sie sich ihre Arbeiten an unter www.threadborn.com.

Register

A

Abdeckmasken
- akzentuieren 92
- Allgemeine Informationen 97
- aus Freezer Paper 62–63, 110
- Faltschnitt-Abdeckmasken 62
- gerissene 62
- mit dem Cutter geschnittene 62
- versus Schablonen 63

Aluminiumdosen/
- Aluminium-Backformen 92–93

Alufolie 72–75

Aquarelleffekte 66

Arbeitsplatz
- einrichten 11, 13
- gepolsterte tragbare Arbeitsplatte 13–14

Auftragstechniken Reservemittel 105–107

B

Barnard, Janet 116

Beschichtete Papiere und Folien 61–75
- Alufolie 72–75
- Freezer Paper 61–67
- Kunststofffolie 68–69
- Wachspapier 70–71

Blätter 58–59, 108

Bleistiftenden-Radiergummis 44, 46

Briefumschlag-Cellophanfenster,
- Schablonen aus 87

C

Chin, Lisa 115

Collage 30–33

D

Dekorativ geformte Radiergummis 45

Dickey, Marilyn 115

Direktdruck 30, 49, 94

Doughty, Eileen 115

Drucken mit Fundstücken 29–47

Drucken mit Obst 49, 57

Druckplatte
- Alufolie-Druckplatte 72–75
- für Schaumstoffwalzen-Frottagen 74
- Wachspapier-Druckplatte 70–71

Druckstöcke anfertigen 34–41
- aus Gemüse 54–57
- aus Karton/Wellpappe 78–79

aus Styropor 91

Frottagen 30, 42–43, 59, 74, 111

mit Gummibändern 36

plastische 34

Drucken 30

    Collage 33

    Direktdruck 30, 94

    mit Blättern 108

    mit gebrauchten Materialien 94–95

    mit Gemüseformen 56–57

    mit Kunststoffspachtel 108

    mit Obst 57

    mit Papprohren 95

    mit Reservemitteln 108–111

    mit der Schaumstoffwalze 18, 108

    mit Struktur-Druckstöcken 40–41

    Schablonendruck 30

    Schaumstoffwalzen-Frottage 30, 42–43, 59, 74

Druckwerkzeuge 46–47

E

Eaton, Carol R. 116

Edgerley, Candace 116

Ethno-Stoff 74–75

F

Fat Quarter 13

Ford, Betty C. 114

Freezer Paper 61–67

    Abdeckmasken 62–63, 110

    mit Farbe versehen 66–67

    Schablonen 64–65

Frottagen 111

G

Gebrauchte Materialien 77–95

    Aluminiumdosen/
        Aluminium-Backformen 92–93

    Drucken mit 94–95

    Karton/Wellpappe 78–82

    Papprohre 88–89, 95

    Styropor 90–91

    Werbepost 84–87

Gemüsedruck 49–59

    Blätter 58–59

    Hintergrundstrukturen 50–51

    Kohlkopfdruck 52–53

    Möhren 53

Geschichtete Strukturen 30–33

Graves, Clara 117

H

Haushaltsgeräte 25

Heißkleber-Druckstöcke 81

Hintergründe

    malen 16–17, 33

    Strukturen mit Gemüse 50–51

K

Kalt-Laminierfolie 70

Karton/Wellpappe 78–82, 108

Kataloge 84, 87

Klebstoffe 25

Kochzutaten 97–113

Kohlkopfdruck 52–53

Krawczyk, Lynn 117

Küchenmaterialien 29–47, 108

    Gemüse 50–51

    Materialvorschläge 30

    Struktur-Druckstöcke 34–43

    übereinandergelegte 30–33

Kunststoffspachtel 108–111

Kunststofffolie 68–69

L

Liddle, Ann 117

M

Maiskolbendruck 49

Malfarbe/(Be)malen

    Aquarelleffekte 66

    fixieren 22, 113

    Hintergründe 16–17, 33

    Individuelle Farbtöne anmischen 15, 17, 51

Maltechniken 15, 18–21

    Opake 17

    Pastelleffekte 67

    Schaumstoffwalze 18, 108, 111

    Schaumstoffpinsel 19

    Schaumstofftupfer 20–21, 67

    Stoff 13, 15–17

    Transparente 15–17

Mancurti, Celina 118

Marmorierter Stoff 52–53

Mark, Susan Purney 118

Markierwerkzeuge 25

Materialien 12–15, 30

Messwerkzeuge 25

Möhren 53

Monoprint auf Glas 108

Musterbuch 30

O

Obst, drucken mit 57

Opake Stoffmalfarben 17

P

Papier 25

Papprohre 88–89, 95

Pastelleffekte 67

Polsterschaumstoff 43

Prioleau, Lynda Poole 118

Q

Qudeen, Jennifer Coyne 119

R

Radiergummis 44–46

Reservemittel 97–113

    auf flachen strukturierten Küchenmaterialien 108

    aus Backpulver 99

aus Freezer-Paper-Abdeckmasken 110

aus gekochtem Puderzucker 102

aus Gelatine 99–101

aus Handspülmittel 103–104

drucken mit 108–111

entfernen 113

Reservepaste aus Weizenmehl 98

Rezepte 98–103

Riley, Lesley 119

S

Salzteig 38–39

Salzteig-Druckstöcke mit vertieften Strukturen 38–39

Schablonen 30, 31; 108-109

    aus Karton 82–83, 108

    aus Briefumschlag-Cellophanfenstern 87

    aus Freezer Paper 64–65

    versus Abdeckmasken 63

    zum Auftragen von Reservemitteln 108–109

Schablonendruck 30

Schaumstoffpinsel 19

Schaumstofftupfer 20–21, 67

Schaumstoffwalze 18, 108, 111

Schaumstoffwalzen-Frottagen 30, 42–43, 59, 74

Schneidewerkzeuge 25

Stoff

    Auswahl und Größen 13-15

    färbefertig vorbereiteter Baumwollstoff 13

    Hintergründe 16–17, 33, 50–51

    marmoriert 52–53

    mit Reservemittel versehenen Stoff bemalen 112–113

    trocknen 22

Stoffmalfarbe 13, 15–17, 22

Strukturen

    erhabene 40

    Hintergründe 50–51

    Salzteig-Druckstöcke mit vertieften Strukturen 38–39

    Schaumstoffwalzen-Frottagen 42–43

    vertiefte 40

Strukturierte Küchenmaterialien 29–47, 108

Stultz, Priscilla 119

Sullivan, Pam 120

Styropor 90–91

T

Thomas, Helga Elli 120

Todd, Jessica 120

Trockenvorräte für Strukturen 29-30, 34, 38, 40

U

Ungekochte Reservepaste aus Weizenmehl 98

W

Wachspapier 70–71

Werbepost 84–87

Werkzeug-Grundausstattung 12–13

Werkzeug 22, 24–27

Werkzeuge reinigen 22